# Demandez à Deepak

# L'amour et les relations

*Du même auteur*
*aux Éditions J'ai lu*

LES SEPT LOIS SPIRITUELLES DU SUCCÈS
*N° 4701*

LA VOIE DU MAGICIEN
*N° 5029*

LES CLÉS SPIRITUELLES DE LA RICHESSE
*N° 5614*

LE CHEMIN VERS L'AMOUR
*N° 5757*

LES SEPT LOIS POUR GUIDER VOS ENFANTS
SUR LA VOIE DU SUCCÈS
*N° 5941*

DIEUX DE LUMIÈRE
*N° 6782*

LES SEPT LOIS SPIRITUELLES DU YOGA
(avec David Simon)
*N° 7707*

SANTÉ PARFAITE
*N° 8007*

LE LIVRE DES COÏNCIDENCES
*N° 8808*

LE CORPS QUANTIQUE
*N° 9058*

UN CORPS SANS ÂGE, UN ESPRIT IMMORTEL
*N° 9142*

LE MIRACLE OUBLIÉ
*N° 10072*

QUI DÉTIENT LA CLÉ DE L'UNIVERS ?
(avec Leonard Mlodinow)
*N° 10465*

LE LIVRE DES SECRETS
*N° 10842*

LA VIE APRÈS LA MORT
N° 11433

DEEPAK
# CHOPRA

## Demandez à Deepak

# L'amour et les relations

*Traduit de l'anglais (États-Unis)*
*par Jo-Ann Dussault*

J'AI LU

*Collection dirigée*
*par Florent Massot*

*Titre original :*
ASK DEEPAK ABOUT LOVE & RELATIONSHIP

*Éditeur original :*
Trident Media Group, New York

# SOMMAIRE

# INTRODUCTION

Quel serait le mystère de la vie sans l'amour ? Je considère ce dernier comme étant *le* mystère qui nous étreint tous de manière invisible. Comme le grand poète indien Rabindranath Tagore l'a déclaré : *L'amour n'est pas qu'une simple pulsion. Il doit renfermer la vérité qui fait loi*. Ce n'est pas tout le monde qui peut énoncer des mots aussi éloquents, mais le besoin impérieux d'aimer et d'être aimé est propre à l'être humain.

Au mieux, l'amour transforme la nature humaine. Il procure de la tendresse et de l'affection ; il remplace la colère par de la compassion. Le principal sujet que les gens abordent quand ils veulent des conseils concerne l'amour et les relations. Pensez-y : tomber amoureux est sans doute l'expérience la plus profonde que nous connaîtrons, mais aussi la plus énigmatique. Pourquoi l'amour est-il aussi douloureux tout en procurant l'extase ? Qu'est-ce qui le rend si extrême et capable de se transformer en haine et en jalousie quand nous avons l'impression d'être trompés ?

Les autres aspects de notre vie peuvent être secondaires dans notre quotidien, mais en ce qui concerne l'amour, il semble souvent que tout devient un enjeu. Nos relations amoureuses et nos liens familiaux sont les plus puissantes forces d'attraction dans notre vie. Il arrive que ces liens profonds avec d'autres personnes nous dépassent tellement que nous ne savons plus quoi penser. Parce qu'elle procure la plus grande joie, l'expérience de l'amour a toujours été considérée comme la voie vers une réalité supérieure. Sur le plan spirituel, l'amour est bien plus qu'un simple attachement envers notre conjoint ou conjointe, nos amis ou nos enfants. L'amour est l'essence même de notre être.

Dans ce livre, j'ai rassemblé des questions et des réponses sur chaque phase de l'amour. Pour la plupart des gens, le début d'une relation amoureuse marque le commencement d'une aventure qui durera toute la vie. Il nous invite à plonger dans l'inconnu. Et l'intimité, à la fois sexuelle et émotionnelle, entraîne de la fragilité et le doute de soi. Parce que le désir d'aimer et d'être aimés est si puissant, nous sommes prêts à laisser tomber le masque de l'être confiant et équilibré que nous portons au quotidien. Quand vous apprenez vraiment à développer des relations aimantes, vous connaissez alors un amour intime et gratifiant qui vous procure des possibilités infinies de grandir. Ces liens humains, à la fois fragiles et tout-puissants, renforcent notre nature spirituelle. Il n'y a pas de distinction clairement établie entre aimer quelqu'un et aimer l'âme de cette personne. Et pourtant, cette notion s'est perdue durant les temps modernes. Autrefois, l'amour idéalisé était un but, qu'il s'agisse d'un amour idéalisé envers Dieu ou d'un lien entre deux âmes. De nos jours, les gens parlent plus ouvertement – et en sont presque obsédés – de l'aspect physique de l'amour, qui est sexuel. Plus que jamais, nous exprimons franchement que nous désirons une vie sexuelle saine, car la sexualité imprègne chaque aspect de notre culture populaire. Encore une fois, il n'existe pas de distinctions claires. Aimer quelqu'un sur le plan sexuel, avec passion et désir, peut être l'expression physique de l'amour universel qui relie deux personnes sur le plan spirituel. Dans les deux cas, il y a une union qui transcende l'ego. Bien entendu, la sexualité nous rend également vulnérables de manière unique. Durant une expérience sexuelle intense, nous exprimons tout ce que nous sommes, y compris notre passé, notre culture, nos besoins et nos attentes. Cela fait de la chambre à coucher un terrain glissant où les insécurités peuvent devenir extrêmement douloureuses. Mais c'est également un lieu où l'honnêteté s'impose et où nous prenons conscience de l'importance de rester fidèles à nous-mêmes.

Dans la société moderne, où de nombreux facteurs contribuent à hausser le taux de divorce, le mariage en soi crée des insécurités. Deux personnes peuvent s'engager dans un mariage pour des raisons infinies, qui sont liées à qui elles sont et à leurs origines. En Occident, beaucoup d'individus ont appris à croire que le mariage résulte d'une relation intime qu'ont développée deux personnes. En Orient, cependant, où les mariages arrangés sont encore populaires et répondent à la tradition, les gens ont une compréhension différente de ce qui unit un homme et une femme dans un mariage. La sécurité économique, les coutumes familiales, les liens créés par les parents des deux familles et la peur de rester seul, sans un partenaire, jouent un grand rôle. Mais mises à part les différences culturelles, un nombre surprenant de gens qui choisissent de se marier, plutôt que de suivre la voie plus facile de la cohabitation, le font parce qu'ils considèrent le mariage comme un sacrement. Il représente une union bénie par Dieu. Même si cette croyance est en déclin, il y a, je crois, une autre sorte de sacrement qui demeure intact. Partager avec une autre personne un amour désintéressé peut nous aider à comprendre notre véritable Moi.

Comme vous allez le lire, la plupart des gens qui posent des questions sur l'amour vivent des conflits et sont malheureux. Parce que l'amour expose notre nature essentielle, il peut sembler risqué, si bien que le chagrin d'amour qui s'ensuit après la perte de l'être aimé peut paraître insupportable, comme si la personne perdait son identité. (Remarquez combien de personnes ont tendance à dire « Je ne suis rien sans elle » ou « Je ne peux pas vivre sans lui ».) Surtout quand notre vie personnelle est construite autour de ceux que nous aimons, la fin d'une relation peut sembler un déracinement total. Pour des raisons similaires, il peut également être difficile de savoir quand une relation n'a plus sa raison d'être. Durant ces moments, il est important de faire notre deuil et de guérir, tout en nous rappelant que l'amour universel ne peut pas être détruit. Au sens le plus noble, l'amour n'est pas personnel. Comme Tagore le disait dans un de ses poèmes avec une simplicité touchante :

*Sur le rivage du monde*
*battent les vagues de mon cœur.*

*De ses larmes, il y signe avec ces mots :*
*« Je t'aime ».*

Les relations les plus intimes que nous connaissons sont habituellement avec notre famille – nos parents, nos enfants, nos frères et sœurs. Comme ce ne sont pas des relations choisies par notre ego, elles peuvent souvent être conflictuelles. Et pourtant, la responsabilité que nous éprouvons les uns envers les autres dépasse la raison. En tant qu'êtres humains, nous sommes faits pour aimer.

Ce livre explore des questions que des lecteurs et des lectrices m'ont posées sur la nature de l'amour dans toutes les dimensions que j'ai déjà abordées. La quête de l'amour, sous toutes ses formes, débute et se termine dans notre cœur. C'est dans cet esprit que j'ai essayé de fournir des réponses, car je souhaite que les gens soient libérés de leur souffrance et de leur désarroi, mais surtout qu'ils voient la lumière de l'amour comme une possibilité éternelle au fond d'eux-mêmes.

Deepak CHOPRA

# LE DÉBUT DES RELATIONS

## CE MERVEILLEUX AMOUR

**Question :**

J'ai 24 ans et je n'ai pas encore connu le grand amour. Depuis ma tendre enfance, j'ai fait beaucoup d'introspection. Je peux me revoir en train de me demander : *Qui suis-je ? Que suis-je sans mon corps ? Qu'est-ce qui fait que je suis moi ?* Je n'ai jamais rien accompli qui ne me paraissait pas une bonne chose au fond de moi. J'attends et je garde ma virginité pour le véritable amour. Pas nécessairement pour le mariage, mais pour l'amour, un merveilleux amour. Pas un amour de conte de fées, mais un amour profond et indéfectible. Les gens me disent que cela n'existe pas et que je dois cesser de l'espérer. Je refuse de croire ça ! Je ne peux pas le concevoir. Est-ce que j'idéalise l'amour ?

**Réponse :**

Vous idéalisez sans doute un peu l'amour, mais cela est peut-être inévitable étant donné que vous n'avez pas encore été dans une relation amoureuse. Mais ne vous inquiétez pas. L'amour que vous ressentez dans votre cœur, dans votre essence même, est véritable. Cet amour est votre Moi authentique, et ce n'est pas un rêve ou un idéal. Cette plénitude du cœur sera la base d'une relation amoureuse profonde quand le temps sera venu. Vous n'avez pas besoin de faire de cette relation quelque chose de grandiose ; prenez simplement soin de votre cœur et laissez l'amour s'épanouir à son propre rythme.

*

* *

## L'AMOUR ET LES COÏNCIDENCES

**Question :**

Durant toute ma vie, j'ai été contre les religions et la spiritualité ; j'étais plutôt axé sur la science et le raisonnement. Cependant, tout a commencé à changer quand je suis tombé amoureux fou d'une fille, une ancienne amie envers qui j'éprouve des sentiments plus forts depuis quelques années. Durant la même période où j'ai pris conscience que j'étais sous l'emprise de la passion, j'ai commencé à constater ces étranges coïncidences. Par exemple, lorsqu'il m'arrivait de me dire combien je menais une vie solitaire, certains de mes collègues les plus proches (pas vraiment des amis) venaient frapper à ma porte, tout à fait par hasard, pour me demander de sortir avec eux. À d'autres occasions, c'était comme si la vie essayait de m'enseigner une leçon. Par exemple, l'autre jour, je réfléchissais à la peur et à la faiblesse des êtres humains pour combattre leurs démons. J'en suis venu à une conclusion qui reflétait celle du président Franklin D. Roosevelt que « la seule chose dont nous devons avoir peur, c'est de la peur elle-même ». Moins d'une heure plus tard, mes collègues sont revenus frapper à ma porte pour que je passe l'après-midi avec eux. Durant tout l'après-midi, j'ai été confronté à mes pires démons. J'ai une peur bleue des éléments inconnus de la nature (les germes, les vers de terre, les serpents, etc.), mais je me suis vite retrouvé en train de patauger dans un ruisseau avec mes compagnons. Je suis très mal à l'aise de nager devant des étrangers (je suis complexé par mon corps), mais plus tard ce soir-là, quelqu'un m'a fait tomber dans une piscine. On dirait que la vie était déterminée à m'enseigner le véritable pouvoir de ma réflexion précédente.

Ce n'est que plus tard que j'ai pris conscience que toutes ces étranges coïncidences ont commencé à se produire quand j'ai constaté que je tombais amoureux. Est-ce que l'amour ou d'autres émotions puissantes et parfois irrationnelles affectent la façon dont une personne perçoit la réalité et les coïncidences ?

**Réponse :**

L'amour est certainement une des façons préférées que la Nature utilise pour ébranler nos vieilles conceptions et visions du monde. L'amour remet en question nos croyances bien ancrées à propos de notre solitude et de notre indépendance, et cela peut nous faire prendre conscience de certaines choses et déclencher une série d'événements qui feront éclater nos barrières, nos peurs et nos schémas désuets. On dirait bien que vous êtes en train de vous lancer dans une aventure excitante et merveilleuse. Savourez-la.

*

* *

## L'AMOUR HUMAIN

**Question :**

J'ai vraiment besoin d'amour humain. J'ai entrepris un cheminement spirituel il y a de nombreuses années (je suis une grande fervente de Yogananda) et je n'ai pas cessé de demander à Dieu de me donner une âme sœur spirituelle. Au début de mon cheminement, j'étais tellement confiante de réussir que j'ai effectué un pèlerinage en Inde après une grave opération à une jambe et j'ai même acheté un sari de mariage là-bas. Ces deux choses ne sont-elles pas un signe de foi et de dévotion ?

Beaucoup de gens que je connais m'ont dit d'apprendre à m'aimer d'abord, pourtant, ils ne s'aiment pas, même s'ils ont quelqu'un dans leur vie. Ma mère m'a beaucoup maltraitée et elle m'a rejetée depuis ma tendre enfance, car j'ai un léger handicap.

J'ai cherché désespérément quelqu'un qui pourrait m'aimer. J'ai eu beaucoup de petits amis, mais cela n'a fonctionné avec aucun. J'ai suivi une thérapie durant de nombreuses années.

**Réponse :**

Réfléchissez à ce que vous demandez vraiment. Vous dites que vous cherchez désespérément quelqu'un qui pourrait vous aimer parce que vous avez besoin d'amour humain. Vous avez eu des petits amis, mais cela n'a pas « fonctionné ». Vous ne voyez pas la nécessité de vous aimer vous-même parce que vous croyez que les autres couples n'ont pas eu à le faire pour trouver l'amour. De même que vous ne voyez pas la nécessité de trouver l'amour de Dieu dans votre propre cœur parce que vous avez démontré votre foi en effectuant un pèlerinage et en achetant un sari, et que malgré cela, vous n'avez pas senti la présence de Dieu.

Je crois que ce que vous n'avez pas saisi, c'est que lorsque vous trouvez l'amour auprès d'un autre être humain, vous trouvez en fait l'amour en vous. Cet amour est qui vous êtes, la façon dont vous vous aimez, et c'est votre lien avec Dieu. Si vous vivez en pensant que l'amour est « quelque part là-bas » qui vous attend et qu'il va vous combler, vous vous sentirez toujours vide et insatisfaite. En fait, vous insistez pour que votre vie demeure sans amour parce que vous refusez d'accepter et d'être l'amour que vous êtes.

Vous vous dites peut-être que puisque tous ceux qui ont un partenaire n'ont pas eu à développer cet amour spirituel envers eux-mêmes pour être avec quelqu'un qui les aime, pourquoi devriez-vous vous imposer cette notion supérieure de l'amour ? Ma seule réponse est que vous ne pouvez pas savoir quel genre d'amour une autre personne vit ; tout ce que vous pouvez savoir, c'est ce que vous vivez et si vous faites tout ce que vous pouvez pour vivre pleinement votre amour et votre vérité. Pour y parvenir, vous devez cesser de déplorer ce que vous croyez qu'il vous manque et commencer à affirmer et à revendiquer qui vous êtes, c'est-à-dire, l'amour, la joie, la sagesse et la paix.

Quand vous commencerez à transformer votre vie en fonction de cette réalité, vous constaterez que l'amour circule dans toutes les directions, que ce soit vers vous ou en provenance de vous-même.

*

* *

## BEAUTÉ DE BOLLYWOOD

**Question :**

Après avoir vécu au Canada pendant quatre ans, je suis récemment allée en Inde et j'en suis revenue déprimée. J'ai pris conscience de l'ignorance des gens là-bas et de leur manque d'acceptation. J'en ai assez que ma grand-mère me dise que je suis laide et que je ne pourrai jamais trouver un homme décent. J'ai même songé à la chirurgie esthétique pour améliorer certains aspects de mon visage et de mon corps. Il est vrai que les rubriques matrimoniales dans les journaux sont remplies d'annonces demandant une mariée grande, mince et au teint clair. Je suis très petite, j'ai le teint foncé et je suis plutôt maigre avec un visage très osseux. Je crois qu'après que Miss Inde a remporté quelques concours de beauté internationaux, les Indiens ont adopté des critères de beauté strictes, à savoir qu'une belle femme doit être grande, ce qui n'était pas le cas avant. Les médias font la promotion d'une actrice de Bollywood en disant qu'elle est la plus belle, si bien que les hommes la considèrent comme un point de référence en matière de beauté. Ils veulent tous épouser la plus belle femme, sans prendre en considération le fait que le maquillage, les angles de la caméra et les effets spéciaux y sont pour quelque chose dans sa beauté. Je trouve qu'en Occident, les gens ne sont pas en adoration devant les acteurs comme en Inde, et qu'au lieu de suivre une tendance, ils ont leur propre opinion à propos de la beauté et de l'attirance. En fait, en Occident, j'ai rarement vu des gens qui se préoccupent tellement de la beauté qu'ils rejetteraient une personne laide dans le cadre d'une relation amoureuse. Même si un teint foncé et des joues creuses peuvent être un signe de beauté en Occident, c'est très difficile de l'expliquer à ma grand-mère ; ses opinions reflètent celles de ma culture et cela me dérange depuis quelque temps. Je veux savoir à quel point, selon vous, la beauté extérieure est importante. Pourquoi dans un pays comme l'Inde, où presque 80 pour cent des gens croient à la réincarnation et à l'âme, est-ce qu'on ne s'intéresse qu'à la beauté extérieure ? Tout le monde sait que notre corps est périssable et pourtant, tout ce qu'ils recherchent chez une mariée, une petite amie ou une belle-fille, ce n'est que la beauté physique et une belle apparence.

**Réponse :**

De grâce, renoncez à l'idée d'avoir une chirurgie esthétique. Je sais que les remarques indélicates des membres de votre famille, comme celles de votre grand-mère, peuvent blesser profondément. Cela cause encore plus de tort quand une jeune femme est en voie de définir sa valeur personnelle en se basant en grande partie sur ses interactions avec son entourage. J'espère tout de même que vous pourrez mettre de côté ces commentaires blessants et vous en servir comme une occasion de vous définir en vous basant sur votre beauté intérieure et sur votre conscience de soi et non pas sur les commentaires des autres. Ce n'est pas facile de ne pas vous sentir personnellement visée par de telles remarques, mais c'est ce que vous devez faire. Sachez que la personne que vous êtes et votre valeur personnelle n'ont rien à voir avec votre apparence extérieure. Vous êtes cette étincelle immortelle et divine de pure félicité et rien ne peut être plus beau que cela. La seule beauté physique qui est importante est la beauté qui exprime les vertus de l'amour, de la compassion et de la générosité et qui est formée par celles-ci.

Ne cédez pas à la tentation de croire que seuls Bollywood et la culture indienne accordent, par ignorance, une importance excessive à la beauté physique. Malheureusement, c'est universel et endémique dans toutes les cultures modernes, et cette préoccupation est le moteur de presque toutes les publicités. Dites à votre grand-mère que même si vous ne correspondez pas à la beauté idéale préconisée par tous, vous savez que votre beauté se situe à un niveau plus profond, et que vous trouverez un partenaire qui verra également votre beauté.

*
* *

## JALOUSE DES BEAUX HOMMES

**Question :**

Je suis une femme de 24 ans et je sais, depuis aussi loin que je me souvienne, que je suis attirée par les femmes. Je me sens en compétition et envieuse quand je suis en présence d'hommes – en particulier les hommes qui sont beaux. Je ne comprends pas pourquoi et je n'aime pas éprouver ce sentiment. Pourquoi est-ce que je me sens ainsi et que puis-je faire pour mettre fin à cela ?

**Réponse :**

Vous dites que vous enviez les hommes attirants. Comme vous avez précisé que vous êtes lesbienne, vous êtes sûrement jalouse de la capacité des beaux hommes à attirer des femmes désirables. Vous enviez sans doute ce pouvoir, ainsi que le fait qu'ils puissent ouvertement tenter de séduire les femmes qui leur plaisent. Vous croyez peut-être que vous ne pouvez pas attirer une femme comme ils le peuvent, et vous avez sans doute l'impression que ce ne serait pas accepté socialement si vous cherchiez à séduire une femme en public. Voilà ce qui pourrait expliquer votre jalousie. La bonne nouvelle est que les beaux hommes ne sont pas vraiment en compétition avec vous. La partenaire que vous recherchez sera attirée par d'autres femmes, pas par des hommes. Alors, rappelez-vous cela chaque fois que vous éprouverez de la jalousie quand vous voyez un bel homme.

*

* *

## RECOMMENCER UNE VIE AMOUREUSE

**Question :**

Après avoir été célibataire pendant 20 ans, j'ai commencé à fréquenter un homme charmant. Cela fait maintenant six mois que nous nous voyons et tout laisse présager que cette relation pourrait être une réussite. Malheureusement, je souffre d'insécurité et j'ai la peur au ventre. Il est encore marié, mais il est séparé depuis trois ans. Il a gardé contact avec sa femme. Je suis consciente que c'est moi qui dois évoluer, mais il m'arrive d'être désespérée. J'ai essayé de faire de la méditation et des séances de thérapie de l'enfant intérieur. Si vous avez des suggestions, je les apprécierais grandement.

**Réponse :**

Vingt ans, c'est long, et même si vous n'avez pas dit pour quelles raisons vous êtes restée célibataire si longtemps, nous pouvons présumer qu'elles devaient être significatives. Ceci étant dit, il est logique de penser qu'il faudra du temps et de la patience pour passer du célibat à une relation saine. Ne vous précipitez pas dans la relation ou ne soyez pas trop dure envers vous-même si le fait de vous rapprocher de votre partenaire fait naître en vous des sentiments exagérés ou irrationnels ou des réactions démesurées par rapport à la situation. Vos sentiments sont en réaction à vos souvenirs du passé et non pas à la réalité présente. Prenez une profonde respiration et soyez consciente que vous devez laisser le passé derrière vous. Vivez dans le moment présent. Puis, dites à cet homme que vous êtes prête à laisser derrière vous vos souffrances du passé pour accueillir l'amour qui est maintenant présent dans votre vie. Soyez patiente et vous verrez progressivement vos insécurités disparaître.

*

* *

## L'OUVERTURE ET LES LIMITES

**Question :**

Dans ma quête d'être « ouverte », j'ai laissé tomber des limites personnelles nécessaires. À mesure que je prends conscience de la nécessité d'avoir certaines limites, j'ai l'impression que je risque de perdre ma croyance profonde en l'importance d'être « ouverte ». Pouvez-vous me parler de la valeur rattachée au fait de posséder les deux – l'ouverture et certaines limites – ou du conflit entre les deux ?

**Réponse :**

L'ouverture sincère est une sorte de trésor de l'innocence, mais cette ouverture ne doit pas vous rendre fragile et vulnérable. Et par le fait même, avoir des limites personnelles claires et solides ne doivent pas vous priver de votre sensibilité et de votre compassion.

À force de prendre de plus en plus conscience de notre véritable nature spirituelle, nous devenons plus sensibles et bienveillants parce que nous pouvons reconnaître la pureté et la bonté des autres et nous identifier à celles-ci à partir de notre propre essence. Nous demeurons donc ouverts à tout ce qui est positif et qui célèbre la vie autour de nous. Quant à ce qui ne nous est pas utile, nous choisissons simplement de ne pas y adhérer ou y prêter attention. C'est ainsi que vous demeurez ouverte tout en maintenant des limites personnelles. Votre conscience de soi agit comme un filtre naturel qui laisse entrer ce qui est utile pour votre évolution et qui bloque ce qui ne l'est pas. C'est comme une porte moustiquaire ; elle laisse entrer le vent frais, mais pas les insectes.

*

* *

## PEUR DE NOUER DES LIENS

**Question :**

Comment une personne pourrait-elle surmonter sa peur de nouer des liens ? Mon idée est qu'en nouant des liens avec quelqu'un, la personne entre dans une zone non structurée où elle perd son sentiment de soi. Comment une personne peut-elle nouer des liens avec les autres tout en conservant son sentiment d'identité et d'orientation dans la vie ?

**Réponse :**

Nouer des liens avec quelqu'un ne signifie pas que vous perdez votre identité ou que vous vous noyez dans l'autre. Pour nouer efficacement des liens, les deux personnes doivent maintenir leur propre intégrité et leur individualité. Sinon, la relation n'est pas fonctionnelle. Pour utiliser une analogie avec le corps, les cellules des yeux s'unissent pour accomplir le processus de la vision. Chaque cellule doit agir de concert avec les autres et cela suppose que chacune doit maintenir sa structure individuelle et sa fonction pour être au service de la plus grande opération qu'est la vue. Quand nous nouons des liens, nous sommes simplement ce que nous sommes, tout en partageant une activité ou un but commun. C'est vraiment simple. Par exemple, un après-midi, vous pourriez être bénévole dans un bureau de scrutin et, durant le processus, vous développez un sentiment de camaraderie avec les autres si bien que vous décidez d'aller manger ensemble et de vous raconter vos vies. C'est ainsi qu'on noue des liens. Contrairement à certaines craintes que nous pourrions avoir de perdre notre sentiment de soi, les liens sains renforcent notre confiance et notre estime de soi.

*

* *

## RENDEZ-VOUS AMOUREUX

**Question :**

Durant ces deux dernières années, je me suis vraiment éveillée à ma conscience supérieure ; je vis une spiritualité plus profonde que je ne l'aurais jamais cru et une période de véritable paix et de guérison. J'ai fait un effort conscient afin de remplir ma vie de bonnes choses : j'ai commencé à méditer, je suis retournée aux études, j'ai acheté ma première maison et je sors avec mes amis. Dernièrement, mes amis ont commencé à me harceler pour que je sorte et que j'entreprenne des démarches qui vont m'aider à « trouver un homme ». J'ai 30 ans et je souhaite trouver l'amour, mais je ne veux pas courir après. L'idée d'aller dans des bars ou dans un gymnase juste pour draguer un homme me semble une perte de temps et d'énergie. Je fais des activités qui me plaisent, mais elles ne sont pas très propices à la rencontre d'un partenaire. J'aime méditer, lire et fouiner chez les antiquaires. Je crois simplement que lorsque le temps sera venu pour moi de rencontrer l'homme qui m'est destiné, nous allons nous trouver au bon endroit, au bon moment. J'aimerais vraiment me détendre, profiter de ma vie et laisser les choses évoluer comme il se doit. Je veux attendre cette synchronicité plutôt que de forcer le destin en provoquant des rendez-vous amoureux.

**Réponse :**

J'aime votre approche pour trouver un partenaire. Ceux qui se ressemblent s'assemblent, alors vous devriez trouver le genre d'homme avec lequel vous voulez être. Si vous êtes désespérée, en manque d'affection ou concentrée sur votre apparence extérieure pendant que vous cherchez un partenaire, vous allez attirer quelqu'un qui est également désespéré, en manque d'affection et intéressé par les apparences superficielles. Vous n'avez pas besoin d'organiser votre vie autour de votre recherche d'un partenaire. Si vous vivez simplement votre vie pleinement et profondément, votre relation amoureuse va se manifester au moment opportun. Le cosmos peut organiser et diriger sans effort la symphonie de la vie à travers l'univers ; il peut aussi vous apporter l'homme qui est parfait pour vous au bon moment.

*

* *

## REMETTRE À PLUS TARD LES RELATIONS

**Question :**

Devrais-je poursuivre une relation amoureuse basée sur l'indépendance et le don de soi ? Ou devrais-je simplement accepter le fait que je suis attirée par des hommes qui possèdent des qualités que j'aimerais avoir ? Mais je me crois incapable d'être avec une personne de ce genre. J'ai peur de ne jamais être suffisamment complète pour pouvoir aimer quelqu'un pour les bonnes raisons.

**Réponse :**

Ne remettez pas la vie ou l'amour à plus tard au nom d'un idéal futur où vous serez parfaite. Acceptez que les relations et l'amour qui vous attirent maintenant sont ce dont vous avez besoin à ce moment-ci de votre vie et que la relation, aussi imparfaite qu'elle soit, est celle qui vous permettra de devenir la personne que vous souhaitez être.

*

* *

## LE MIROIR DES RELATIONS

**Question :**

Vous avez dit que toutes les relations sont le reflet du Moi. Je ne suis pas certaine d'avoir bien saisi, en particulier en ce qui concerne l'amour. Pourriez-vous m'expliquer davantage ce concept ? Si une relation amoureuse « tourne au vinaigre », est-ce parce que je le souhaitais inconsciemment ?

**Réponse :**

L'idée du miroir dans les relations est que nous cherchons inconsciemment chez les autres ce que nous devons voir et comprendre en nous pour connaître la plénitude, l'équilibre et la guérison. Dans une relation, la personne devant nous est un miroir dans lequel nous pouvons voir ce sur quoi nous devons travailler. Voilà pourquoi, d'un point de vue spirituel, il est inutile d'essayer de changer le comportement des autres pour votre propre bonheur. C'est aussi futile que d'essayer de changer votre image en essayant de modifier le reflet dans le miroir ou en changeant de miroir.

Plus nous pouvons voir les autres en tant que des êtres d'amour et non pas à la lumière de leur comportement, plus il est facile de ne pas être sur la défensive et nous sentir visés personnellement. Cela nous permet d'être vraiment à l'écoute, d'apprendre et d'évoluer dans toutes nos relations, et ainsi d'acquérir une base plus profonde pour aimer et entrer en lien avec les autres. C'est ainsi que nous utilisons le miroir des relations pour évoluer émotionnellement et spirituellement.

Une relation peut « tourner au vinaigre » pour de nombreuses raisons. Le désir inconscient qu'elle prenne fin pourrait en être la cause, ou la relation a déjà atteint le but qu'elle devait servir et vous êtes tous les deux prêts à quelque chose de plus.

*
* *

## L'AMOUR INCONDITIONNEL

**Question :**

Je constate que lorsque je me dispute avec ma partenaire, tout mon amour pour elle semble disparaître. Si je l'aimais vraiment comme je le crois, et à l'instar de l'amour indéfectible que je porte à mes parents, comment pourrais-je cesser de l'aimer simplement en raison d'une dispute ?

**Réponse :**

Avoir un amour « conditionnel » envers votre partenaire ne signifie pas que votre amour n'est pas véritable ou sincère, simplement qu'il y a des situations où il est assombri par vos blessures et vos traumatismes du passé. Tant que nous avons dans notre cœur des zones non guéries, elles peuvent être déclenchées dans certaines situations et nous continuons alors de réagir en étant sur la défensive et sous l'emprise de la peur plutôt que de l'amour.

Si vous entreprenez une démarche spirituelle qui vous donne accès à cet amour inconditionnel en vous-même, et si vous accueillez les défis dans votre relation comme des occasions de guérir ces vieilles blessures, votre amour conditionnel deviendra avec le temps un amour inconditionnel.

*

* *

## LES RELATIONS CAUSENT-ELLES DE LA SOUFFRANCE ?

**Question :**

Je crois au fait d'avoir des relations profondes avec les autres (mon époux, mes enfants, mes parents, mes amis, etc.) basées sur l'amour. Mon amie prétend que les êtres humains souffrent beaucoup quand ils perdent des êtres chers (p. ex., un conjoint de longue date) et que cette souffrance est principalement due à l'attachement et à la dépendance. Je perçois une certaine vérité dans ses paroles, mais je vois aussi du mépris dans sa façon de voir les relations humaines. Mon argument est que même si les relations humaines sont imparfaites et alourdies par l'attachement, les êtres humains ouvrent vraiment leur cœur et sont capables de nouer des liens profonds entre eux. Il y a quelque chose de vraiment beau dans cela, car ces relations nous enseignent de précieuses leçons et elles nous permettent de nous comprendre en profondeur. Par exemple, quand je constate que je déteste quelqu'un, je suis souvent capable de relier cette haine à un aspect de moi-même que je n'avais pas examiné de près avant. Je trouve donc que les relations m'aident à évoluer et à devenir une meilleure personne.

Je comprends également que l'idéal est de transcender cet amour individuel (ou égoïste) en amour universel, à l'aide d'une démarche spirituelle. Après des séances de méditation, je ressens souvent un amour profond circuler dans mon cœur. Alors, y a-t-il vraiment quelque chose de mal dans les relations humaines ? Faut-il les fuir et les rejeter ? Devons-nous être prudents et vigilants (p. ex., en étant aux aguets) pour empêcher tout attachement ou toute dépendance de se développer dans notre cœur ? Selon vous, quelle est la manière idéale de voir les relations humaines et de composer avec elles ? Peuvent-elles nous aider à évoluer ?

**Réponse :**

Je suis d'accord avec votre vision des relations. Même s'il est vrai que des gens éprouvent de la tristesse et un sentiment de perte à la mort d'un être cher, ce chagrin est lié à l'attachement ou à une fausse identification de l'esprit, et non pas à l'amour. De plus, une vie solitaire n'empêche pas une personne de s'attacher ou de souffrir. D'ailleurs, les études démontrent que les personnes qui n'ont pas d'interactions sociales aimantes sont plus malheureuses, en moins bonne santé et qu'elles meurent plus tôt que celles qui valorisent les relations.

Votre vision à l'effet que les relations sont un miroir pour identifier sur quels aspects d'elle-même une personne doit travailler pour évoluer intérieurement est une notion que j'ai moi aussi défendue depuis de nombreuses années.

*
* *

## LE GENRE D'AMIS

**Question :**

Je n'arrête pas d'attirer dans ma vie des amis qui ont des problèmes semblables à ceux que j'avais dans le passé. Je suis constamment en train de les aider à résoudre leurs problèmes en relatant mes propres expériences passées par rapport à leurs problèmes particuliers (le divorce, les enfants, etc.).

Même si j'aime les aider, je me demande souvent ce que je fais pour attirer ce genre d'amis. Est-ce parce que je ne suis pas vraiment guérie de mon passé ? J'aime mes amis, mais je me demande seulement *pourquoi* j'attire cela dans ma vie. Est-ce que je dois revivre quelque chose par le truchement de leur vie afin que je puisse apprendre toutes mes leçons ?

**Réponse :**

D'après moi, il semble que vous soyez en bonne position pour offrir votre sagesse à ceux qui pourraient en profiter. Cela ne veut pas dire que vous avez encore des problèmes non résolus ; c'est probablement juste une façon d'être au service des autres. Vous attirez sans doute ce genre d'amis précisément *parce que* vous avez résolu ces problèmes et que vous pouvez vraiment les aider. C'est la responsabilité du savoir, c'est-à-dire que nous le partageons avec ceux qui le demandent. Tout comme nous avons appris beaucoup de choses quand nous en avions besoin, nous devrions être heureux d'avoir l'occasion d'être au service des autres en leur transmettant ce que nous avons appris.

*

* *

## AIDER UN AMI

**Question :**

Comment pourrais-je aider un ami à surmonter une faible estime de soi ? Cela se manifeste par le besoin de se valoriser en fréquentant des femmes plus jeunes. C'est un homme sensible et raisonnable, mais dans ce domaine, il ne voit pas qu'il exploite et manipule ces femmes pour obtenir ce qu'il veut. Je lui ai suggéré d'aller consulter. J'ai essayé de lui parler des vérités que j'ai apprises, mais il m'a dit que je lui faisais trop la morale et qu'il n'avait pas envie de les entendre.

**Réponse :**

Il est difficile de voir une personne que nous aimons adopter un comportement destructeur. Mais nous devons admettre que chaque personne est maître et responsable de sa propre vie. Le mieux que nous puissions faire est de prier pour votre ami afin qu'il prenne conscience de ses actions et de sa responsabilité d'agir honorablement et avec amour envers lui-même et les autres.

*
* *

## UNE FEMME MALTRAITÉE

**Question :**

J'ai eu une relation avec un homme. Au cours des sept derniers mois, j'ai été loin de lui, dans un autre pays. Il me traitait comme si je ne valais rien. J'avais l'impression qu'il m'utilisait. J'ai songé à retourner auprès de lui, mais d'après ses courriels, il ne semblait pas vouloir que je revienne. Je suis incapable d'obtenir une réponse directe, mais maintenant, je commence à croire que cet homme n'est pas fait pour moi. Mais je l'aime encore.

Ce qui me bouleverse, c'est que j'ai l'impression d'avoir été utilisée et maltraitée. Croyez-vous que je devrais lui dire ce que je ressens ?

**Réponse :**

Les relations à distance peuvent être difficiles sur le plan émotionnel, et elles peuvent en venir à semer des doutes chez les individus, comme dans votre cas. Il pourrait être bénéfique pour vous de lui expliquer ce que vous ressentez si cela vous aide à tourner la page sur cette relation et à exprimer vos sentiments. Mais ne vous attendez pas nécessairement à ce qu'il admette qu'il s'est mal comporté envers vous. Dites simplement ce que vous avez ressenti, puis essayez d'améliorer les choses dans votre vie, celles qui vous permettront de connaître une relation plus saine dans l'avenir.

*

*  *

## ALLER À LA PÊCHE

**Question :**

Je suis dans une relation avec un homme depuis un bon moment. J'ai discuté avec mes amies de la façon dont les femmes ferment les yeux sur certains traits de la personnalité de leur amoureux ou de leur époux « pour le bien de la relation ».

J'ai des problèmes avec le passé de mon conjoint. Il a fait des choses que je trouve offensantes, pour ne pas dire illégales. Pour autant que je sache, il a changé. Mais chaque fois que quelque chose lui rappelle le passé, il en parle comme si c'était la meilleure période de sa vie. Je n'étais pas avec lui durant « la meilleure période de sa vie », et de toute façon, je ne serais pas restée pour des raisons morales. Mais s'il a tant changé, pourquoi se souvient-il de cette période avec autant de nostalgie ? C'est comme s'il regrettait d'être devenu une meilleure personne. Cela et d'autres petites choses à propos de lui me dérangent beaucoup. On dit qu'il y a beaucoup de poissons dans l'océan, n'est-ce pas ? Devrais-je apprendre à l'accepter… ou plutôt aller à la pêche ?

**Réponse :**

Vous vous inquiétez peut-être trop de la nostalgie que votre conjoint ressent par rapport à son passé. Par exemple, ses bons souvenirs du passé n'ont peut-être rien à voir avec leur nature illégale ou immorale. Il est fort courant de penser au bon vieux temps, non pas à cause de ces moments merveilleux, mais parce que cela vous rappelle le sentiment d'aventure, de liberté et de camaraderie que vous éprouviez. Demandez-lui ce qu'il aimait le plus à propos de cette ériode. S'il vous dit que ce qui lui manque, c'est d'enfreindre la loi, alors vous devriez peut-être aller à la pêche, comme vous le dites. Mais s'il ne s'agit que de souvenirs agréables, alors je ne considère pas cela comme un problème. Je trouve significatif le fait qu'il ait changé de comportement avant même d'être avec vous. Cela me laisse croire qu'il a compris par lui-même et qu'il a passé l'âge d'agir de façon aussi téméraire qu'autrefois. Donc, s'il n'a pas été contraint de changer, il est peu probable qu'il « regrette d'être devenu une meilleure personne ». Quant à toutes les autres petites choses qui vous agacent beaucoup, vous devriez vous demander si elles le concernent vraiment et si vous pouvez vous en accommoder, ou si ces agacements reflètent vos propres sensibilités. Si ces agacements sont le reflet de vos propres jugements, alors vous ne serez pas plus avancée en cherchant un autre partenaire. Vous devriez tout de même examiner ce qui vous agace en vous-même et que vous reprochez à quelqu'un d'autre.

*

* *

## DILEMME AMOUREUX

**Question :**

Je fréquente mon amoureux depuis environ un an et demi. Quand je l'ai rencontré, je venais de vivre un grave traumatisme. Depuis, je me suis rétablie, j'ai guéri et je suis tombée follement amoureuse. Je veux passer le reste de mes jours avec cet homme (ce qui est un gros engagement étant donné que j'ai 20 ans). Mais en raison de mon besoin de guérir de mon traumatisme, je l'ai beaucoup blessé. Il m'a vue toucher le fond du baril et j'ai déversé sur lui beaucoup de ma colère émotionnelle. Je sais qu'il m'aime de tout son cœur parce que c'est un miracle qu'il soit encore avec moi après tout ce que je lui ai fait subir. Et pourtant, mon dilemme est qu'il ne ressent plus l'amour que j'ai pour lui. J'ai beau lui dire chaque jour que je l'aime, cela ne lui suffit pas. Je ne sais pas quoi faire pour le rassurer de la pureté de l'amour que je ressens pour lui au fond de mon cœur. Est-ce que ce serait une bonne idée que nous méditions ensemble ? Je sais que je suis vague et que cela ressemble peut-être à un cliché, mais je veux tellement qu'il me croie. Je consulte un psychologue depuis quelques mois et mon petit ami a commencé à consulter lui aussi ; ce qui, je crois, va aider avec le temps. Y a-t-il quelque chose que je peux faire, lui dire ou lui donner et qui pourrait aider notre relation actuellement ?

**Réponse :**

Si vous aimez votre petit ami alors qu'il ne ressent plus cet amour, ce n'est pas à vous de trouver une façon de le convaincre. Il doit vous dire ce dont il a besoin, ensuite, c'est à vous de voir si vous pouvez y répondre. J'ignore quel traumatisme vous avez subi, ni comment vous avez l'impression d'avoir blessé votre petit ami. La méditation à deux et la consultation sont bénéfiques, mais l'élément clé est qu'il vous a fermé son cœur, et il est le seul qui peut vous dire pourquoi et ce qu'il faut pour qu'il l'ouvre de nouveau. Essayez d'en discuter en termes pratiques : pourquoi vous en êtes rendus là, tout en évitant d'insinuer lequel de vous deux ressent l'amour le plus pur dans votre couple. Bonne chance !

# LA SEXUALITÉ

## L'ÉNERGIE SEXUELLE ET SHAKTI

**Question :**

Dans une réponse précédente à propos de l'énergie sexuelle, vous avez écrit : « Il y a une école de pensée qui considère toute l'énergie vitale de l'esprit, du corps et de l'univers comme étant une énergie sexuelle – la force créatrice primaire du cosmos qui s'exprime sous différentes formes et dans différents phénomènes. Cette Shakti stimule la manifestation, la diversité et le mouvement de toute création. En ce sens, nous pouvons relier notre expérience de l'énergie du cœur à cette force créatrice supérieure ou à l'énergie sexuelle de la vie. » Est-ce que cela signifie que l'énergie sexuelle va au-delà des sexes (masculin et féminin) et qu'elle est à la base indifférenciée ? À quel moment cette énergie devient-elle sexuelle et l'énergie sexuelle est-elle possible sans émotions ?

**Réponse :**

Les sages illuminés de nombreuses cultures du passé ont décrit la force créatrice primaire de la nature comme étant une énergie sexuelle, non pas en raison des émotions et des pulsions humaines que nous associons à la sexualité, mais parce que la force créatrice émerge d'une union mystique des contraires – la lumière et les ténèbres, l'action et l'inaction, celui qui sait et l'objet du savoir. Je ne dirais donc pas que cet état primaire est indifférencié, mais plutôt qu'il est différencié en deux pôles fondamentaux. Le produit dérivé de cette interaction dynamique entre les contraires donne lieu à quelque chose de différent, de nouveau, tout comme l'acte de procréation entre un homme et une femme crée un nouvel enfant. La sexualité devient donc une métaphore des forces créatrices de la conscience. C'est une façon de rendre plus compréhensible la nature abstraite des dynamiques de la conscience.

Ce pouvoir créatif est reconnaissable dans la nature en tant qu'énergie sexuelle lorsque les organismes se reproduisent sexuellement. L'énergie sexuelle est donc possible sans émotions dans de nombreuses circonstances.

*

* *

## ÊTRE À L'AISE AVEC LA SEXUALITÉ

**Question :**

Je me suis mariée il y a quatre mois et j'ai de la difficulté à être à l'aise avec la sexualité. J'essaie de prendre l'initiative, mais je n'y arrive pas. Je panique et j'ai l'impression de ne pas pouvoir bouger. Je n'ai pas envie de demander ce dont j'ai besoin ou ce que j'aime, pas plus que je me sens à l'aise dans une tenue sexy. J'ai honte. Que puis-je faire ?

**Réponse :**

Cela ne fait que quatre mois que vous êtes mariée. Parfois, il faut du temps avant que vous vous sentiez parfaitement à l'aise et confiante sexuellement avec votre époux. Ce n'est pas le moment de vous forcer à prendre l'initiative dans vos ébats amoureux ou de sortir de votre zone de confort sur le plan sexuel. Concentrez-vous à développer votre estime personnelle et à cultiver le respect de soi en ce qui concerne votre amour, votre beauté et votre sexualité. Il pourrait être utile de choisir un archétype féminin qui reflète une façon d'exprimer une sexualité assumée que vous aimeriez imiter, puis d'utiliser cet archétype pour vous aider à l'exprimer par vous-même. Une fois que votre confiance en soi sera basée sur l'expérience de votre véritable nature, vous serez capable d'exprimer sans honte votre sexualité et qui sera dans votre zone de confort.

*

* *

## BESOINS SEXUELS DIFFÉRENTS

**Question :**

Mon mari est contrarié parce que je n'aime pas faire l'amour aussi souvent que lui. Ce problème dure depuis longtemps, et il semble que peu importe le nombre de fois que nous faisons l'amour, il lui manque toujours quelque chose et ce n'est jamais assez. Par exemple, même si nous faisons l'amour trois fois par semaine, cela peut devenir encore plus une obsession. Mon mari l'a également remarqué et nous avons décidé de faire l'amour deux fois par semaine, mais dernièrement, nous ne le faisons plus qu'une fois par semaine.

Il ne serait pas d'accord avec le mot « obsession », mais moi, c'est ce que je ressens. Nous pouvons avoir une relation sexuelle active et passionnée, puis le lendemain, c'est comme si nous revenions à la case départ, car il a besoin de recommencer. Pour ma part, j'ai l'impression que je viens de vivre cette expérience, et je n'ai pas envie de la répéter immédiatement. C'est épuisant !

Aujourd'hui, la question a refait surface et mon mari a dit qu'il songeait à divorcer parce que nous ne faisons pas suffisamment l'amour. Il m'a dit qu'il pensait constamment au fait qu'il n'était pas comblé sexuellement et qu'il se sentait seul et malheureux. Il croit que c'est moi qui tiens les rênes de notre vie sexuelle parce que ce n'est pas aussi important pour moi et que je n'ai qu'à dire non. Et cela le fâche. D'ailleurs, ce qui m'enlève le goût de faire l'amour, c'est la colère qu'il ressent envers moi à propos de notre vie sexuelle. Je n'éprouve aucun désir de le faire quand je pense qu'il se fâchera si je refuse. Avant, je le faisais parce que je ne voulais pas le blesser, mais j'étais incapable de dire non tout en étant à l'aise de refuser. Maintenant, je dis non quand je ne souhaite pas de rapports intimes, car j'ai appris que si je disais oui dans pareille circonstance, je lui en voudrais plus tard et je serais assez contrariée pendant nos rapports pour lui dire des choses blessantes.

Mon mari croit que nous devrions lire des livres à propos de ce problème ou trouver un sexothérapeute, mais je n'en ai pas vraiment envie. Je ne veux pas qu'on force mon intérêt par rapport à la sexualité. Je veux simplement que cela ne soit plus un problème entre nous. Je ne veux pas qu'il y pense chaque jour. Je veux simplement que nous passions des moments agréables ensemble et que si l'envie de faire l'amour nous prend, alors là, d'accord. Sinon, ce n'est pas plus grave. Ce n'est pas que je n'aime pas faire l'amour ou que je n'éprouve pas de désir sexuel ou que mon mari ne m'attire plus. C'est simplement que ce n'est pas aussi important pour moi. Pour être honnête, j'ai parfois besoin de préserver ma bulle. Les caresses peuvent être douloureuses quand je ne les désire pas ou quand je suis stressée. Avant, je croyais que c'était mal ou que je devais changer cela chez moi, mais je ne suis pas certaine de pouvoir changer ou même de le vouloir. J'ai dit à mon mari que j'étais ainsi, un point c'est tout. Je n'ai pas toujours envie d'être caressée, même avec douceur. Je ne peux pas m'obliger à faire l'amour simplement en appuyant sur un bouton, tout en ayant du plaisir, sans me sentir piégée ou mal à l'aise. Mais il m'arrive de trouver ce bouton, ou bien le désir naît naturellement. Je peux vraiment être très passionnée. Mais ce n'est pas une chose que je peux simplement faire sur demande.

Pour être juste envers mon mari, je devrais dire qu'en général, je ne suis pas du tout intéressée à faire l'amour depuis quelque temps. J'aime me rapprocher de lui et le tenir dans mes bras ou qu'il me tienne dans ses bras, mais je n'éprouve pas le même désir que lui de faire l'amour. Je sais que c'est important pour lui et j'essaie de mettre de l'énergie dans cet aspect de notre relation, mais pour moi, les rapports sexuels finissent par m'épuiser, alors que pour lui, c'est le contraire.

Nous en avons discuté encore aujourd'hui et il a dit qu'il ne voulait pas vraiment divorcer, mais qu'il était simplement très contrarié. Je ne sais pas quoi faire. Ce matin, j'ai décidé d'essayer et d'être plus compatissante envers ses besoins, mais plus tard dans la journée, j'ai ressenti de la colère et du malaise. Je me suis dit que vous auriez peut-être des conseils qui nous aideraient à trouver la paix en ce qui concerne ce problème. Mon sentiment est qu'il s'agit d'un déséquilibre plus profond dans notre relation, mais je me sens impuissante face à cela. Chaque fois que mon mari est contrarié parce qu'il ne fait pas suffisamment l'amour, il me dit que c'est la *seule* chose qu'il me demande, puis il énumère toutes les choses qu'il ne me demande pas (il énumère ce qu'il fait pour moi ou ce que je ne fais pas, etc.). Cela me pousse à croire qu'il m'en veut parce qu'il a l'impression qu'il donne plus qu'il ne reçoit. Mais là aussi, je me sens impuissante. Je l'aime et je ne veux pas qu'il soit malheureux. Mais toute cette histoire me rend anxieuse (j'ai de la difficulté à respirer) et il est difficile pour moi d'en parler, car je ne sais plus comment le rendre heureux, si bien qu'une partie de moi-même s'est refermée.

*

* *

Mon épouse et moi sommes mariés depuis 14 ans. Nous sommes en santé, nous avons deux enfants et tout va bien dans notre famille. Nous sommes proches l'un de l'autre et nous passons beaucoup de temps à parler de ce qui nous intéresse et de nos vies. Nous avons toujours eu ce que je considère comme une vie sexuelle épanouie. J'ai toujours eu davantage d'appétit qu'elle, mais nous avons toujours trouvé un terrain d'entente où nous sommes tous les deux à l'aise. Cependant, depuis presque un an, ma femme n'a plus le même appétit sexuel et elle a de moins en moins envie de faire l'amour. Et même si je suis dans la quarantaine, mon désir, bien qu'il soit moins puissant que quand j'étais dans la vingtaine, est encore assez grand. Nous sommes passés de deux relations par semaine à une, puis à deux relations par mois, et ce, sur une courte période de temps. Et je ressens beaucoup de frustration.

Avoir des rapports sexuels réguliers m'aide à me sentir lié à ma femme et à ma famille. Depuis le changement rapide dans notre vie sexuelle, j'éprouve des sentiments de solitude et d'isolation, sans parler de la frustration et de l'incompréhension. On dirait que plus j'essaie de convaincre mon épouse de faire l'amour, plus elle ressent de la pression et moins elle est susceptible d'avoir du désir, et cela devient un cercle vicieux qui nous donne l'impression de nous éloigner l'un de l'autre. Même si je suis conscient qu'elle ne veut pas me blesser personnellement, que cela fait sans doute partie des hauts et des bas normaux dans une relation, ou même du début de la ménopause de mon épouse, je semble incapable de ressentir autre chose que du rejet en raison de son manque de désir. Nous passons encore du temps à nous étreindre la nuit et nous avons beaucoup de contacts physiques durant la journée, mais j'éprouve tout de même le désir de faire l'amour.

Je fais peut-être un grand cas de la chose pour rien, et c'est peut-être simplement un cas de « bienvenu dans le club », mais je ne sais plus quoi penser et je me sens quelque peu isolé par cette situation. J'aimerais savoir si vous avez des conseils qui nous aideraient tous les deux à répondre à nos besoins et à surmonter cette épreuve.

**Réponse :**

La question des relations sexuelles entre deux personnes est un mélange incroyablement complexe de sentiments, de croyances, d'appétits sexuels, d'associations et d'habitudes qui ont leur vie propre dans le cadre d'une relation à long terme. Il est donc presque impossible d'offrir des solutions simples qui auraient un sens. Je vous recommande de consulter un thérapeute conjugal qui est spécialisé dans les problèmes sexuels. Je sais qu'une de vous a mentionné qu'elle ne voulait pas qu'on force son intérêt sexuel, mais qu'elle ne voulait pas non plus en faire un gros problème. Je voudrais seulement souligner que c'est déjà un gros problème.

Vous n'êtes pas obligée d'aborder la thérapie en pensant que vous avez un problème parce que vous n'avez pas vraiment envie de faire l'amour, ou qu'il a un problème parce qu'il veut faire davantage l'amour. Vous pouvez voir cela en comprenant qu'il y a une bonne raison pour laquelle vous ressentez ce que vous ressentez et que c'est une occasion pour vous deux de découvrir un nouveau degré d'intimité entre vous. Je crois que vous avez raison de croire que cela ne concerne pas seulement la sexualité. Considérez cette situation comme une occasion de découvrir quels sont ces problèmes plus profonds et comment ils peuvent vous aider à acquérir chacun une plus grande conscience de soi et à vous aimer davantage.

En lisant votre lettre, j'ai constaté que vous vous considérez comme une épouse aimante et affectueuse. Cependant, vous souhaitez exprimer vos sentiments sur le plan sexuel lorsque les bonnes circonstances sont réunies, c'est-à-dire quand vous ne ressentez pas de colère, de ressentiment, de pression émotionnelle ou de sensibilité aux caresses. Vous croyez peut-être que vous êtes neutre face à la sexualité, mais d'après votre comportement, vous semblez contente de trouver des raisons de ne pas faire l'amour. Étant donné que les rapports sexuels sont très importants pour l'homme que vous aimez, vous auriez sans doute intérêt à explorer la question.

Le Dr David Schnarch a rédigé quelques bons livres sur ce sujet : *Passionate Marriage* et *Resurrecting Sex*. Je vous les recommande.

J'encourage également l'époux à procéder à une auto-évaluation. Demandez-vous si ce ne serait pas aussi dans votre intérêt de faire l'amour moins souvent. Y a-t-il d'autres façons de vous rapprocher physiquement et émotionnellement de votre épouse qui sont tout aussi satisfaisantes pour vous et que votre femme pourrait accueillir comme des marques d'affection et de respect ?

Concentrez-vous sur les aspects de votre relation où les liens d'amour sont solides et partez de là pour trouver de nouvelles façons de partager une intimité physique. Bonne chance.

*

* *

**RELATION PLATONIQUE**

**Question :**

Avez-vous des suggestions pour maintenir une relation qui était autrefois sexuelle, mais qui est maintenant devenue platonique ? Nous lisons beaucoup de livres dans l'espoir d'atteindre une plus grande spiritualité. Croyez-vous qu'il est possible d'être amoureux dans une relation platonique ?

**Réponse :**

Oui, il est certainement possible d'être amoureux dans une relation platonique si c'est votre façon d'exprimer votre amour. Je vous encouragerais seulement à vous demander tous les deux quel serait le prolongement naturel de votre amour. À l'inverse, si vous essayez de façonner vos sentiments et vos pulsions pour que votre relation corresponde à un idéal spirituel que vous avez choisi d'atteindre, vous risquez vite de ressentir de la frustration et un déséquilibre.

Si votre relation devient naturellement de plus en plus platonique et que vous êtes tous les deux satisfaits de cela, alors vous n'avez pas besoin de conseils spécifiques. Continuez simplement de trouver des façons d'approfondir et de partager votre amour qui vous satisfont et enrichissent votre vie ensemble.

*
* *

## RAPPORTS SEXUELS AVANT LE MARIAGE

**Question :**

Je suis un Indien de 28 ans qui vit aux États-Unis depuis sept ans. Je viens d'une famille traditionnelle et j'ai vécu à Bombay jusqu'à l'âge de 21 ans. J'ai toujours respecté la vie et j'ai toujours été fidèle à moi-même. Je n'ai jamais cédé au plaisir à court terme. Bref, je suis encore vierge. Je n'ai jamais été embarrassé de ce fait, j'en suis même fier. Mais voici mon dilemme : j'ai rencontré une Indienne qui a été élevée aux États-Unis et en raison de la pression familiale, de l'amour et de l'attirance, nous avons décidé de nous marier. Comme elle a été élevée aux États-Unis, son mode de vie n'a pas été semblable au mien. Elle a fréquenté un homme pendant plus de trois ans, ils ont eu des rapports intimes, mais cela n'a pas fonctionné entre eux, alors ils ont rompu. Elle a fréquenté beaucoup d'hommes avant et après cette relation en ayant des rapports sexuels avec plusieurs d'entre eux.

Quand nous nous sommes fiancés, je n'étais au courant que de sa dernière relation. Ce n'est que peu à peu que j'ai appris le reste de son aventure. Je l'ai acceptée et je suis passé à autre chose. Cependant, on dirait que cela me dérange. Je n'ai jamais été aussi déprimé ou dégoûté et frustré de la vie. J'ai perdu tout espoir, j'ai la nausée, je ressens moins de désir sexuel et je fais de l'insomnie... Je suis de plus en plus troublé d'être avec une personne qui a eu des rapports sexuels avec d'autres hommes avant moi. J'ai toujours préservé ma virginité et je m'attendais à trouver quelqu'un qui avait fait de même. Cependant, je l'aime vraiment et je ne sais pas si je vais pouvoir m'en remettre. J'ai toujours été un optimiste et un fervent croyant en Dieu. Mais là, je me sens perdu. J'en ai parlé à un membre de ma famille qui m'a dit que j'étais un cas rare et que j'appartenais à seulement 3 % de la population. À force de me révéler lentement de plus en plus d'information, j'ai constaté récemment que ma fiancée m'avait caché des choses et qu'elle m'en avait fait croire d'autres. Je n'ai plus confiance en elle et je ne sais pas quoi faire. J'ai une grande maîtrise de mes émotions, mais je ne suis pas pour autant un phallocrate. Je la respecte, mais je crois qu'elle m'a menti et qu'elle va continuer de le faire. Je ne crois pas que je puisse être avec une personne qui me ment, sans parler de ma difficulté à accepter le fait qu'elle ne soit plus vierge. On dirait que je fais une dépression. Je ne sais pas quoi faire ou comment le lui dire. Je pleure souvent en raison de ce que je vis présentement et je suis incapable de mettre fin à cette situation. J'attends une réponse de Dieu pour m'aider à prendre une décision. Est-ce que je fais la bonne ou la mauvaise chose ? La vie semble ne plus avoir de sens pour l'homme enjoué, enthousiaste, plein d'humour et d'entrain que j'étais.

**Réponse :**

Vous avez dit que vous aviez accepté le fait qu'elle ait eu des rapports sexuels avec d'autres hommes et que vous étiez passé à autre chose, mais ce n'est pas le cas de toute évidence. Vous semblez persister à croire que parce que vous êtes resté vierge, vous possédez des valeurs morales plus élevées, tandis que les siennes le sont moins étant donné qu'elle n'a pas préservé sa virginité. Je soupçonne que votre manque de confiance en elle est en grande partie basé sur votre indignation plutôt que sur son manque de crédibilité. Vous n'avez pas fourni beaucoup de détails sur votre fiancée, mais je n'ai pas le sentiment que c'est une fille aux mœurs légères ou qui est malhonnête. Étant donné votre forte réaction à ses révélations antérieures, il est compréhensible qu'elle hésite à vous parler de ses autres relations. Aux États-Unis et en Europe, les coutumes liées aux fréquentations et aux relations avant le mariage sont très différentes de la tradition indienne, mais vous devez vous défaire du préjugé que c'est nécessairement impur ou immoral. Pourquoi ne pas chercher à découvrir ce qu'elle est véritablement et ce qu'elle aime plutôt que de vous attarder aux différences entre vos origines sociales ? Que vous finissiez par l'épouser ou non, vous en êtes là, et vous devez vous débarrasser de ces œillères morales pour votre propre bien, sinon, elles vont continuer de nuire à votre croissance et à votre bonheur dans les autres aspects de la vie.

*

* *

## L'AMOUR ET LA MONOGAMIE

**Question :**

Mon partenaire et moi ne cessons pas de nous questionner sur la nature de l'amour et de l'intimité et sur la façon de faire en sorte que nous puissions mettre en pratique les idéaux auxquels nous aspirons dans notre relation quotidienne. Si aimer quelqu'un signifie vouloir qu'il obtienne ce qu'il désire, est-ce qu'une relation monogame telle que définie par notre société peut vraiment être considérée comme de l'amour véritable ? Est-ce que le fait de fixer des limites et des frontières à propos de qui on peut aimer et comment on choisit la façon de l'exprimer limite l'essence même de l'âme ? Est-ce que la monogamie n'est qu'un principe né de la peur et un modèle référentiel ? Si la nature de la vie est d'évoluer, comment peut-on faire des promesses et prendre des engagements à propos de l'avenir (p. ex., dans le cadre du mariage) si nous sommes en constante évolution ?

Mon partenaire et moi avons des visions opposées sur ces questions fondamentales. Je crois que la monogamie est la plus belle occasion d'apprendre à exprimer l'amour et à en faire l'expérience. Mon partenaire croit le contraire et il craint que cela ne sert qu'à limiter l'amour. Et selon nous, la monogamie implique beaucoup plus de choses que simplement l'intimité sexuelle.

**Réponse :**

La monogamie en soi n'est pas une restriction à aimer. La limitation à aimer vient du cœur et non pas de la structure de la relation. La monogamie ne garantit pas nécessairement un amour profond, mais elle peut en être le terreau. La vie existe à travers des limites – le temps, l'espace, la réalité physique, les règles sociales, etc. Le secret pour vivre une vie d'amour illimité n'est pas d'essayer d'éliminer les restrictions, mais d'exprimer le caractère illimité de l'amour à l'intérieur de ces limitations comme un artiste exprime sa vision avec quelques coups de pinceau.

*

* *

## RÊVES ÉROTIQUES

**Question :**

Je suis une femme mariée et j'ai récemment fait des rêves érotiques dans lesquels mon mari ne se trouvait pas. À une occasion, j'ai vu un de mes amis dans mon rêve et un ancien amoureux dans un autre, mais ces deux rêves étaient très affectueux et passionnés. Je me suis sentie très comblée dans ces rêves, même si j'étais consciente que j'étais mariée. Depuis quelques semaines, je suis plutôt troublée par ces rêves. Est-ce que je passe à côté d'un message que je devrais comprendre ? Est-ce que mon âme essaie de me dire quelque chose ? Quels sont les messages de ces rêves ?

**Réponse :**

Il est tout à fait normal de faire des rêves érotiques, même s'ils n'impliquent pas votre époux. Une psychanalyse révélerait sans doute que ces rêves ont une signification profonde, mais je ne suis pas d'accord. La plupart des rêves ne résultent que de la diminution de la pression associée aux efforts physiques et mentaux déployés durant la journée. Puis, les images sont assemblées à partir de diverses impressions de notre psyché pour composer le contenu du rêve.

Il arrive que les rêves nous transmettent des messages importants et nous devrions demeurer vigilants face à ces conseils et à ces indices.

Cependant, dans votre cas, je ne crois pas qu'il y a un message profond, mais à moins que vous continuiez à faire ce genre de rêves durant une longue période, je ne m'en inquiéterais pas.

*

* *

## PARDONNER UNE INFIDÉLITÉ

**Question :**

Après 13 ans de mariage et 22 ans de vie commune, ainsi que deux enfants âgés de 10 et 13 ans, j'ai été dévastée quand j'ai découvert que mon mari me trompait. Cela fait sept mois et j'ai beaucoup de difficulté à tourner la page. J'ai souvent prié pour prendre la bonne décision, mais je suis encore très indécise.

Mon mari m'a raconté des histoires différentes. Il y a quelques mois, j'ai découvert qu'il possédait en secret un téléphone portable qu'il n'utilisait que pour appeler fréquemment une collègue de travail. J'ai soupçonné qu'elle était sa maîtresse, mais il le nie jusqu'à ce jour. Il dit qu'ils ne sont qu'amis. Puis, quelques mois plus tard, j'ai caché un magnétophone dans son automobile. Il a appelé deux femmes ce matin-là, sa collègue et la femme avec laquelle il avait une aventure, comme il me l'a dit plus tard. Il parlait de sexe avec les deux femmes. Il m'a dit que cela ne signifiait rien pour lui. Il dit qu'il m'aime et qu'il tient à être avec moi et il a promis qu'il n'entrerait plus en contact avec ces femmes.

Avez-vous des suggestions pour que je guérisse ma blessure et que je lui pardonne ? Ou suis-je une parfaite imbécile ? Est-ce que cela vaut la peine de sauver mon mariage ?

**Réponse :**

Même si nous souhaitons ardemment surmonter nos sentiments et pardonner, il ne faut pas précipiter ou forcer les choses. Si nous voulons vraiment guérir une blessure, nous devons être patients et laisser le processus suivre son cours. Si nous contournons le processus en tentant, au nom d'un idéal spirituel, d'agir comme le Christ avant de nous sentir vraiment comme le Christ, nous ne faisons que retarder notre guérison. Je vous recommande de retourner voir votre thérapeute pour qu'il vous aide à examiner vos sentiments. Cela ne rendra pas nécessairement les choses plus claires ou ne chassera pas la douleur immédiatement, mais avec le temps, vous commencerez à démêler la situation suffisamment bien pour prendre une bonne décision concernant votre mariage. Et si votre mari souhaite sincèrement renouveler son engagement envers vous, demandez-lui s'il est prêt à consulter un thérapeute lui aussi.

*

* *

## RÊVES DE LESBIANISME

**Question :**

Je suis une femme mariée et j'ai deux enfants adultes. Durant mes études universitaires, j'étais amoureuse d'une amie et nous avons eu une relation en secret. Nous avons perdu contact après l'obtention de notre diplôme. Je me suis mariée et elle aussi, mais elle n'a pas eu d'enfants. Vingt ans après, nous nous sommes croisées ; nous avons parlé de nos vies et la flamme entre nous s'est rallumée. Mais dernièrement, j'ai fait des rêves dans lesquels se trouvait cette amie. Depuis quelques jours, je suis profondément troublée par ces rêves. Je veux savoir quelle est votre position à propos du lesbianisme. Est-ce que mon âme essaie de me dire quelque chose ? Quels messages ces rêves véhiculent-ils ?

**Réponse :**

Je ne peux pas vous dire de manière probante ce que vos rêves signifient. Vous devrez le découvrir par vous-même. Cependant, il est évident que votre âme vous dit qu'il y a quelque chose qui n'est pas terminé avec votre amie sur le plan émotionnel ; c'est ce que votre rencontre a ravivé. Je ne crois pas que vous devriez sauter à la conclusion que vous êtes une lesbienne maintenant et que vous devez abandonner votre vie actuelle. Il y a davantage de questions que de réponses dans votre situation. Parlez avec votre amie et voyez si vous pouvez découvrir ce qui vous attire de nouveau l'une vers l'autre. Soyez le plus honnête possible. Vous éprouvez peut-être un puissant besoin d'intimité ou d'être simplement comprise sur le plan émotionnel. Vous éprouvez peut-être de la nostalgie pour une chose que vous avez vécue durant l'université. Il n'est pas inhabituel de faire des rêves érotiques impliquant une personne du même sexe et cela n'insinue pas que vous êtes lesbienne.

S'il s'avère qu'une relation homosexuelle avec cette femme est la direction dans laquelle vous croyez sincèrement et honnêtement que votre vie doit aller, alors c'est ce que vous devez faire. De toute évidence, vous devrez composer avec de nombreuses conséquences, mais vous ne pouvez pas être autrement que ce que vous êtes. Vous devez à vos proches et à vous-même d'évaluer froidement ce que vous ressentez avant de prendre des décisions qui risquent de changer votre vie.

*

* *

## UNE CATHOLIQUE ABSTINENTE

**Question :**

Je suis une catholique de 46 ans. Je suis séparée de mon époux depuis presque 12 ans. Étant catholique et encore légalement mariée, je ne peux pas divorcer à cause de mes croyances. Je suis aussi ministre de l'eucharistie dans ma paroisse depuis cinq ans. Je prends donc ma religion très au sérieux. Certaines personnes disent que j'agis de façon trop extrême, qu'en étant abstinente, je gaspille le corps dont Dieu m'a fait don. Je crois que l'âme a plus de valeur que le corps ; voilà pourquoi j'ai choisi l'abstinence sexuelle. Mais je me sens tellement seule et j'ai l'impression de ne pas exister sans un partenaire de vie. Mais si jamais je cherchais un compagnon, je deviendrais une femme adultère ! Je suis extrêmement seule, mais bien éduquée et plutôt jolie. Ce n'est pas si difficile d'être abstinente quand on croit en la voie sacrée qu'on a choisie. Mais mon cœur et mon âme désirent ardemment avoir un compagnon de vie, et mon garçon aimerait avoir un beau-père qui lui servirait de modèle. Est-ce que je mets en danger la valeur que mon âme accorde à l'amour en rompant les vœux de ma religion ?

**Réponse :**

Le but de la guidance et des vœux religieux est de favoriser votre évolution spirituelle ; ce ne sont pas des règles qu'il faut suivre à la lettre ou par peur du châtiment divin. Je comprends que, selon vous, ce que votre âme vous dicte l'emporte sur les désirs du corps. Mais ce n'est le cas que si le corps est en déséquilibre avec la direction que doit prendre votre âme pour évoluer. Vous dites même dans votre lettre que c'est votre âme qui désire ardemment un compagnon, alors ce n'est pas seulement votre corps qui souhaite l'intimité physique. Vous sentir seule et vide parce que vous croyez que c'est ce que Dieu exige de vous après 12 ans d'un mariage raté ne me semble pas une bonne recette pour sauver votre âme ou pour avoir une vie comblée spirituellement. C'est vraiment ce que votre religion devrait vous aider à obtenir. En tant que personne mûre et consciente, vous avez la responsabilité de trouver l'esprit de ces préceptes religieux dans votre cœur, et ne pas seulement les suivre à la lettre. C'est votre défi spirituel présentement : trouver en vous la vérité du caractère sacré du mariage et de votre sexualité et non pas suivre les préceptes du Vatican. Certains des plus grands saints chrétiens ont constaté que leur vérité spirituelle était en conflit avec le dogme et les politiques de l'Église catholique, et pourtant ils se sont accrochés à cette vérité concernant leur expérience du Divin. En réfléchissant à votre situation, vous pourriez constater qu'il n'y a rien de saint à propos du mariage légal qui vous unit encore à votre époux et que Dieu ne vous demande pas de vous sentir seule et vide. Vous ne commettez pas un péché en mettant fin à un mariage qui est déjà mort et en recherchant une relation aimante et signifiante qui célèbre l'amour de Dieu. L'évolution de votre âme est beaucoup plus entravée par son allégeance à un précepte basé sur la peur et qui a perdu sa pertinence dans votre vie.

*

* *

## L'HOMOSEXUALITÉ ET LES VÉDAS

**Question :**

Je lutte avec le fait que je suis homosexuel. Je sais que beaucoup de personnes dans le monde ont le même problème. L'année passée, je l'ai annoncé à mes parents et à ma sœur. Ils ne comprennent pas, mais ils m'aiment pour qui je suis. Seule ma sœur est fâchée.

Mon seul désir est d'être heureux et j'espère pouvoir faire des enfants à une femme que j'aime. (Qui ne souhaite pas avoir un mariage heureux avec des enfants ?) Mais il y a ce problème et je déteste cela. Je ne peux pas vivre avec cette situation.

J'ai entrepris une thérapie pour m'aider à vivre avec ces sentiments et ils m'ont dit qu'il est possible de transformer mes sentiments homosexuels en sentiments hétérosexuels. J'ai l'impression que c'est mon seul espoir. L'homme qui m'aide était autrefois un homosexuel et il a maintenant des enfants et une épouse. Il croit que tout le monde naît hétérosexuel et il a écrit un livre dans lequel il raconte son histoire. Mon professeur d'ayurveda dit lui aussi que tout le monde naît hétérosexuel. Je ne lui ai pas parlé de mon problème.

Croyez-vous qu'il est possible de changer ces sentiments homosexuels et comment procède-t-on ? Est-ce que cela a à voir avec les hormones ? Que disent les védas à propos de ce genre de sentiments ? Et que devrais-je faire ? Je suis sans espoir.

**Réponse :**

Vous n'êtes pas sans espoir. On dirait que vous êtes encore en train d'essayer d'accepter votre sexualité. Je ne suis pas d'accord que l'homosexualité est un problème qu'il faut transformer en hétérosexualité. Vous serez peut-être attiré par les femmes plus tard ou peut-être pas. Mais peu importe ce qui arrive, ne doutez pas ou ne réprimez pas la pulsion primaire d'amour humain que vous avez. Il n'y a rien de mal à cela.

Je ne suis pas certain de ce qu'implique la thérapie que vous avez mentionnée, mais si elle suppose qu'un homosexuel peut décider d'être hétérosexuel, elle semble suggérer que le fait d'être gai est d'abord un choix. Simplement d'après ce que vous avez écrit et ce que mes amis gais m'ont dit, ce n'est pas le cas.

Vous voulez être heureux et vous voulez des enfants. Il y a de nombreuses façons de le faire sans que vous soyez obligé de manquer d'honnêteté envers vous-même ou envers une femme. Il y a l'adoption, le recours à une mère porteuse, etc. Je vous conseille de cesser de penser que vous n'êtes pas normal ; cessez cette lutte et ce combat intérieur. Utilisez votre amour pour développer votre estime de soi et pour donner aux autres, au lieu d'interpréter votre amour comme une chose que vous devez cesser, changer et cacher.

*

* *

## UN EX-PETIT AMI TRANSGENRE

### Question :

Mon ex-petit ami veut être une femme, mais il ne m'en a jamais parlé. C'est tellement évident, mais il est toujours dans le déni et il refuse d'aborder le sujet. Quelle serait la meilleure façon de composer avec cela étant donné que nous sommes demeurés en bons termes et que nous nous apprécions encore beaucoup ? Voici la situation :

Je l'aime pour son esprit, pour sa nature profonde. Il n'est pas amoureux de moi et il me repousse parce que je perçois trop sa réalité. Maintenant, il veut seulement que je sois une amie intime pour continuer de faire semblant d'être un homme dans le monde extérieur. Je lui ai déjà dit que je ressentais un amour inconditionnel pour son esprit et qu'un esprit n'a pas de genre. Je l'encourage à s'épanouir et à ne plus dissimuler ce « sinistre secret », comme il l'appelle. C'est une belle et merveilleuse personne qui possède des qualités qu'il n'a jamais accepté de dévoiler.

Après avoir lu plusieurs rapports officiels sur le comportement d'un transgenre et d'un travesti, j'ai eu beaucoup de difficulté à composer avec cette lecture parce que cela correspondait à son histoire. Il a eu une éducation chrétienne particulièrement stricte (vous allez en enfer si vous êtes gai ou lesbienne et au ciel si vous vous conformez aux lois de Dieu). Il a vécu dans un milieu d'hommes toute sa vie, et il possède une grosse

Harley-Davidson. Ses deux mariages ont échoué, mais il se donne des airs de dur à cuire. Il cache sa vraie nature. Il s'est enfermé en lui-même toute sa vie. Il ne sait pas ce qu'il veut ou qui il est. Il n'a pas de buts. Il ne peut rien planifier, ni s'engager dans quoi que ce soit. Il est toujours en train de s'agiter et de fuir. Il lutte constamment entre son côté masculin et féminin. Il est déroutant et difficile à saisir.

Notre relation a pris fin parce que nous n'allions nulle part : moi qui l'aimais et lui qui ne m'aimait pas. Et il avait de toute évidence peur que je découvre ce que je sais déjà. Une semaine après notre rupture, il s'est senti beaucoup mieux. Il est clair qu'il se sent soulagé de vivre de nouveau comme si tout était merveilleux, en cachant à tous sa vraie nature. De toute évidence, j'ai beaucoup de difficulté à composer avec le fait que notre relation ne sera jamais plus la même et qu'il est incapable de s'engager envers moi. Mais j'aimerais également pouvoir lui donner tout l'amour que je ressens pour lui – pour sa nature profonde et la pureté de son esprit. Je veux le réconforter et le serrer dans mes bras, et lui permettre d'être ce qu'il veut être. Je veux qu'il se sente aimé, en sécurité et en paix. Le monde entier n'a pas à le savoir s'il tient à garder cela privé, mais au moins, il ne serait pas seul à connaître son secret. Il refuse d'être aidé, de parler ou même de consulter, parce que c'est pour les « tapettes » et pas pour lui.

Une relation entre nous serait peut-être possible s'il acceptait sa véritable nature ; nous pourrions être un couple ou des amis sincères. Je le souhaite énormément parce que j'aime tellement son esprit. Je dois avouer que c'est toute ma vie.

**Réponse :**

Il est plus difficile d'accepter la fin d'une relation lorsque l'un des deux est toujours amoureux et que l'autre ne l'est plus. Mais c'est ce dont il s'agit ici, et non pas le fait que votre ex-petit ami devrait révéler au monde qu'il est transgenre.

Parce qu'il a dit qu'il ne vous aime pas et qu'il a affirmé qu'il n'avait pas l'intention de s'engager envers vous, vous avez perdu l'espoir de regagner l'amour que vous avez partagé autrefois. Vous vous êtes plutôt accrochée à l'idée que le mur qu'il a érigé autour de son « sinistre secret » est le mur qui l'empêche de vous aimer. Vous croyez que s'il admettait ses problèmes d'orientation sexuelle et s'il les réglait, il s'ouvrirait et avouerait également son profond amour spirituel pour vous.

Ce n'est pas réaliste. C'est de la pensée magique et de la mauvaise pensée magique. De toute évidence, vous l'aimez tendrement et vous voyez sa véritable nature spirituelle. C'est un don rare et merveilleux. Vous voulez qu'il s'aime et s'accepte comme vous le faites. Cependant, il est important de reconnaître que peu importe ce qu'est son terrible secret, il va devoir apprendre à s'accepter par lui-même. Paradoxalement, le fait de l'encourager à révéler qu'il est transgenre et à s'accepter peut avoir l'effet contraire en le décourageant. Cela lui envoie le message subliminal qu'il ne compose pas bien avec la situation, qu'il fait quelque chose de mal, et son être émotionnel le comprend ainsi : « Je ne suis pas accepté pour qui je suis ; il y a quelque chose qui cloche chez moi. »

C'est comme essayer d'aider une adolescente à se sentir bien dans sa peau et acceptée par les autres, en lui disant que vous l'aimez et qu'elle devrait s'aimer davantage. Mais si elle ne le fait pas, cela signifie qu'il y a quelque chose qui cloche chez elle et il n'est donc pas étonnant que les gens ne l'aiment pas. Tout ce que sa psyché meurtrie comprend, c'est : « Je suis blessée parce que je me sens rejetée, et maintenant, je suis rejetée parce que je suis encore blessée. »

Le fait est que votre ex-petit ami va apprendre à s'accepter quand il sera prêt – pas avant ni après – et vous n'y pouvez rien. Votre amour pour lui exigera que vous ayez la sagesse de reconnaître qu'il révélera son identité sexuelle au moment divin et dans les circonstances qui seront les plus appropriées pour lui et pour les personnes concernées, et non pas nécessairement quand votre cœur souhaiterait qu'il le fasse.

*

* *

## SUICIDE

**Question :**

J'ai sombré dans un profond désarroi comme je n'en ai jamais vécu. J'ai 28 ans, je suis mariée depuis quatre ans et je suis avec mon mari depuis dix ans (moins une année de séparation avant notre mariage). L'année passée, je suis tombée amoureuse d'une femme au travail et je me suis battue bec et ongles contre mon désir. J'ai eu l'impression que la chose la plus élégante à faire était de m'abstenir et d'essayer de raviver mon amour et ma passion pour mon mari, de connaître avec lui une « passion pour la vie ». J'ai eu beau lutter contre mon désir, j'ai fini par céder et j'ai blessé mon cher mari, et pas juste une fois. Chaque fois que cela s'est produit, je le lui ai dit, même s'il était difficile d'être honnête (et de voir et de sentir sa souffrance et sa colère). Je me disais qu'il méritait au moins d'être au courant.

Les mois ont passé et j'ai tout essayé, de la manière la moins égoïste et la plus douce possible, mais il m'est arrivé d'échouer et d'exploser. J'ai quitté mon emploi, que j'adorais, dans l'espoir de sauver notre mariage et de me retrouver et de retrouver mon couple. Le deuil de « perdre » une femme que j'aimais profondément a été trop grand et, un soir, je suis allée chez elle et j'y ai passé la nuit. Depuis ce moment, il y a deux mois, je vis une aventure avec elle ; c'est la première fois que je mens à mon mari. Mais je suis rongée par la culpabilité. Mon mari a dépassé toutes mes attentes en matière d'amour. Il me témoigne et il incarne un amour inconditionnel que je croyais impossible. Voilà pourquoi la culpabilité, les mensonges et la trahison sont encore plus douloureux. J'ai l'impression que je n'ai pas d'autres choix que le suicide. J'aime mon époux comme mon meilleur ami et je ne peux vraiment pas me résoudre à renoncer à ce que je ressens envers cette femme. (Les rapports sexuels avec elle sont bien au-delà de l'aspect purement physique, et quand je fais l'amour avec elle, j'ai l'impression que quelque chose en moi s'ouvre entièrement.)

J'ai essayé de ne plus la voir et de réprimer ma profonde attirance envers elle. J'ai presque tout abandonné, mais je semble incapable de résoudre quoi que ce soit. Je veux aimer mon mari comme j'en avais l'intention et comme je l'ai promis, mais une autre partie de moi semble incapable de chasser ou de réprimer le désir que je ressens pour une femme extraordinaire.

Dans pareilles circonstances, quelqu'un sera inévitablement blessé et je voudrais simplement me libérer de ce pétrin. Ma mère s'est suicidée quand j'avais 14 ans et depuis, cela a toujours été une option pour moi. Le simple fait de savoir que c'est une option m'a aidée à traverser de nombreuses années de souffrance. J'ai essayé de trouver une solution au plus profond de moi, mais il semble que je m'enfonce davantage.

C'est la première fois de ma vie que j'agis avec autant d'égoïsme et d'insensibilité envers la personne que je veux le moins blesser. Il ne semble pas y avoir de lumière au bout du tunnel. J'ai touché le fond du baril. Mes deux questions les plus importantes sont : Croyez-vous que j'ai plus de chances de rejoindre ma mère si je meurs de la même façon qu'elle ? Croyez-vous que je vais emporter avec moi ce désarroi et cette souffrance dans l'Au-delà ?

**Réponse :**

Si vous n'avez jamais consulté un thérapeute, vous devez prendre le téléphone dès maintenant et demander de l'aide. Même si vous n'appelez qu'à un service d'écoute téléphonique, ils pourront vous référer à quelqu'un qui peut vous aider. Ce n'est pas le genre de problème qui peut être traité adéquatement par courriel.

Le suicide de votre mère vous a laissé de profondes cicatrices que vous devez guérir si vous voulez mener une vie saine et heureuse. Pour être honnête, je ne crois pas que vous vous libérerez de votre souffrance, de votre désarroi ou de votre culpabilité en vous suicidant. Pas plus qu'il y aura une joyeuse réunion mère-fille dans l'Au-delà, parce que votre mère sera toujours aux prises avec la souffrance qu'elle a voulu fuir. En outre, vous devriez reconnaître que le suicide de votre mère, non seulement n'a réglé aucun problème, mais en a créé de nouveaux pour les êtres chers qu'elle a abandonnés.

Je ne peux pas vraiment vous donner de conseils utiles à propos de votre mariage et de votre maîtresse, mais la chose la plus importante maintenant est que vous repreniez conscience de la valeur de votre vie et que vous guérissiez votre souffrance du passé. Après, vous serez plus en mesure de démêler quels sont vos véritables sentiments dans vos relations.

# LE MARIAGE

## BUT DU MARIAGE

**Question :**

Je me marie dans quelques mois et je ressens toute une gamme d'émotions, allant de la peur à l'excitation de passer le reste de ma vie avec quelqu'un. Ce faisant, je ne vois vraiment pas quelle est la raison d'épouser cette merveilleuse personne. Ai-je tort de penser trop à ça ? Vais-je découvrir avec le temps quelle en est la raison ? Pourquoi les gens se marient-ils ?

**Réponse :**

Il y a de nombreuses raisons pour lesquelles les gens se marient, mais je crois que la meilleure est parce qu'ils sont profondément amoureux l'un de l'autre et qu'ils s'engagent à connaître un amour spirituel et une destinée qu'ils ne pourraient pas connaître seuls. Cela peut prendre toute une vie pour atteindre ce but sacré à deux. Mais il est préférable que vous sachiez clairement dès le début qu'il s'agit bien de la bonne personne avec qui vous vous lancez dans cette aventure et que vous visez tous les deux le même but.

*
* *

## PROBLÈMES DE COMMUNICATION AVANT LE MARIAGE

**Question :**

J'ai 24 ans. Je suis fiancée à un homme depuis un an et nous planifions notre mariage. Nous avons également des rapports sexuels depuis quelque temps. Mes parents ne sont pas très heureux de cette relation, mais ils ont accepté mon fiancé par amour pour moi. Depuis un mois, il a complètement changé et il me traite de manière étrange. Chaque fois que je lui pose une question à propos de lui et de son travail, il devient irrité. Avant, il était très aimant et attentionné. Ma carrière n'est pas encore bien établie et cette situation me dérange. Devrais-je poursuivre ou non ma relation avec lui ? Je l'aime vraiment et je ne veux pas le perdre.

**Réponse :**

C'est un petit problème qui devrait être résolu en communiquant honnêtement vos sentiments. De toute évidence, quelque chose le stresse et c'est ce qui le rend irritable. C'est peut-être le mariage, son travail ou autre chose, comme sa famille. S'il refuse de donner des détails précis sur la raison pour laquelle il est irritable, essayez au moins de lui faire dire ce qu'il ressent. Demandez-lui comment vous pouvez l'aider, même si ce n'est qu'en lui offrant votre soutien émotionnel. Expliquez-lui qu'un mariage est un partenariat qui repose sur la confiance mutuelle, la communication et le soutien. Il s'agit d'une occasion pour vous deux de découvrir si vous êtes capables de faire face aux difficultés courantes auxquelles vous serez inévitablement confrontés plus tard durant votre mariage.

*

* *

## MARIAGE ARRANGÉ

**Question :**

Je suis un Hindou d'origine indienne, au milieu de la trentaine. Après de nombreuses années de célibat aux États-Unis, j'ai cédé à la pression de mes parents et j'ai accepté un mariage arrangé avec une Indienne. Ma femme est une personne merveilleuse et aimante. Mais parfois, j'ai de la difficulté à accepter la décision que j'ai prise. Je fais des commentaires blessants à ma femme et je la ridiculise parce que je me sens coupable de ce que j'ai fait. Je sais que puisque je détestais tant les mariages arrangés, je n'aurais pas dû accepter de me marier dès le départ. Mais voilà, j'ai accepté, et maintenant je suis incapable d'être heureux parce que je ressens des sentiments négatifs.

Comment puis-je résoudre ce problème et aller de l'avant dans une vie maritale normale et heureuse ? Pourquoi suis-je si perturbé par ces pensées négatives qui concernent le passé ?

**Réponse :**

Vous semblez avoir de la difficulté à accepter votre mariage parce qu'il n'a pas été initié par vous ou précédé d'une attirance amoureuse. Ayant vécu aux États-Unis pendant de nombreuses années, vous avez adopté la norme culturelle à l'effet que seul un mariage que vous avez vous-même choisi honore votre individualité. Mais vous devez prendre conscience qu'un mariage arrangé peut aussi respecter votre individualité. Du point de vue de l'âme, tous les mariages sont arrangés en fonction de vos choix. Vous avez donc choisi tous les deux de vous rencontrer et de vous marier avant même votre naissance. Les détails spécifiques et les circonstances qui déterminent comment vous avez été réunis importent peu, que vous l'ayez vous-même choisie ou par l'entremise de vos parents. Ce qui importe maintenant, c'est que vous trouviez et cultiviez l'amour qui a réuni vos âmes. Il existe un monde infini d'amour à découvrir chez l'autre personne.

Trouvez-le, nourrissez-le et laissez-le grandir. Cela vous permettra de trouver votre dharma marital, votre but supérieur ensemble.

En prenant conscience que vous avez décidé d'être avec cette personne, vous pourrez vous débarrasser de vos fausses notions de culpabilité et de négativité. Et de grâce, cessez de projeter vos pensées confuses sur votre femme en la ridiculisant. Elle est votre partenaire divine. Traitez-la comme la déesse qu'elle est, et elle vous aidera à guérir votre passé et à vous retrouver.

*

* *

## ÂMES SŒURS

**Question :**

Quelle sorte de relation devons-nous avoir avec notre âme sœur ? Est-ce que notre âme sœur doit nécessairement être notre conjoint ou conjointe ?

**Réponse :**

Cela dépend beaucoup de ce que vous entendez par « âme sœur ». Pour la plupart des gens, une âme sœur est simplement un partenaire amoureux avec qui nous pouvons partager une vie physique, mentale, émotionnelle et spirituelle. Dans ce cas, il serait logique que notre âme sœur soit notre conjoint ou notre conjointe.

Une âme sœur peut aussi être une autre âme qui est le parfait complément de votre âme, à tous les niveaux d'expression, et avec qui vous pouvez évoluer le plus rapidement. Selon cette théorie, votre âme sœur n'est pas nécessairement incarnée en même temps que vous. Et même si les deux âmes se sont incarnées, elles ne vivront pas nécessairement une relation amoureuse. La relation pourrait être familiale ou amicale. Ces âmes pourraient être du même sexe ou du sexe opposé. Elles pourraient avoir à peu près le même âge ou avoir une grande différence d'âge. Et le temps qu'elles passeront ensemble pourrait durer toute une vie ou être relativement bref. Tous ces détails extérieurs dépendent de ce dont l'âme a besoin pour évoluer à ce moment-là.

*

* *

## L'ORIENTATION D'UN MARIAGE

### Question :

J'ai une question concernant mon mariage et nos croyances spirituelles. Nous ne sommes mariés que depuis deux mois, mais nous avons vécu ensemble pendant presque quatre ans, et nous avons une fille de deux ans. Quand nous avons commencé à nous fréquenter, j'ai commencé à rechercher une vie plus spirituelle. Maintenant, nous avons des visions de la vie différentes en matière de spiritualité et de santé, et c'est surtout évident quand nous parlons de la façon dont je veux que ma fille soit élevée. Je sais que beaucoup de couples ont des croyances religieuses différentes et que cela ne veut pas nécessairement dire qu'ils ne peuvent pas avoir une relation qui les comble. J'ai lu votre livre, *Le chemin vers l'amour,* et il m'a permis de changer beaucoup de comportements négatifs que je répétais dans mes relations. Mais mon mari n'est pas intéressé par l'aspect spirituel de notre mariage, et cela me pose un véritable défi. Le sujet revient souvent lors de nos disputes et il m'arrive de penser que nous ne sommes pas faits l'un pour l'autre. Je m'empêche souvent de dire à mon mari ce qui compte le plus pour moi, alors que tout ce que je veux, c'est partager avec lui ces merveilleuses choses. Je veux que nous menions une vie heureuse ensemble et que nous offrions à notre fille un foyer aimant. J'aime profondément mon mari. Il m'a aidée ces dernières années à tenir bon tandis que je luttais contre un cancer. Nous avons traversé tellement d'épreuves en si peu de temps et je ne voudrais pas que les sentiments que je ressens gâchent notre relation. Comment puis-je surmonter son manque d'intérêt pour la spiritualité ?

**Réponse :**

Deux ans de mariage, c'est relativement court, et cela me dit que vous avez encore beaucoup à apprendre l'un de l'autre à propos de vos besoins profonds et de vos objectifs de vie à deux. C'est doublement vrai si vous avez dû combattre un cancer durant ces deux années. Cela vaut la peine d'explorer ensemble ce que votre mari considère comme étant le but et le sens profond de votre mariage. Il n'est peut-être pas à l'aise avec le vocabulaire de la spiritualité, de la religion ou de la pensée nouvel âge. Mais s'il a réfléchi à ces choses, vous pourriez peut-être trouver un terrain d'entente en ce qui a trait au développement de votre amour capable de transcender vos vies individuelles. Beaucoup de gens profondément spirituels rejettent viscéralement les soi-disant personnes spirituelles, les livres sur la spiritualité, les groupes spirituels et même les termes spirituels. Je ne sais pas si votre mari fait partie de ces gens, mais si c'est le cas, il est peut-être davantage rebuté par les signes extérieurs de votre intérêt spirituel, mais pas par votre réelle croissance intérieure. Alors, voyez s'il vous est possible de trouver un but commun malgré vos façons différentes d'exprimer votre spiritualité. De même, lisez un peu plus loin un autre sujet que j'ai appelé « S'éloigner l'un de l'autre ». J'ai déjà traité de ce problème, et des lecteurs ont également offert leurs réponses. Si vous pensez que votre amour mutuel peut transcender vos différences et vous permettre d'avoir un objectif commun, vous pourriez alors accepter le fait que votre mari n'aime pas nécessairement que vous partagiez vos inspirations et expériences spirituelles avec lui, et trouver d'autres personnes avec qui le faire. Je vous souhaite la meilleure des chances.

*
* *

## CATHOLICISME

**Question :**

Il y a quelques années, je me suis converti au catholicisme parce que cela me paraissait une démarche appropriée pour moi, mon épouse et mes enfants. Cependant, je suis maintenant à un tournant sur le plan spirituel, car j'ai cessé de croire à certains principes fondamentaux de la foi catholique et j'ai l'impression d'avoir évolué spirituellement. Je possède une compréhension plus universelle de Dieu (en partie grâce à vos livres).

Bref, mon problème est causé par les attentes de ma femme, que je bafoue, car je vais au-delà des préceptes de la foi catholique. Elle se sent trahie du fait que je remets en question des croyances que j'ai déjà possédées, ainsi que ma conversion au catholicisme. J'essaie simplement d'être honnête envers moi-même, envers elle (et envers Dieu). Comment puis-je l'aider à composer avec cette situation étant donné que c'est très traumatisant pour elle et que cela risque de détruire notre mariage ?

**Réponse :**

Vous devez expliquer à votre épouse que votre quête de la vérité ne vise pas à démolir la foi catholique, mais plutôt à trouver une relation signifiante avec Dieu qui est réelle pour vous. Rien de ce qui vous rapproche de Dieu ne pourrait être en conflit avec l'esprit du catholicisme.

Votre épouse est peut-être satisfaite de sa foi envers l'Église catholique telle qu'elle est, alors elle pourrait avoir l'impression que vous la rejetez et que vous rejetez *sa* foi en vous intéressant à d'autres paradigmes que les enseignements orthodoxes. Si vous pouvez lui assurer que ce n'est pas le cas et que vous la soutenez dans son cheminement spirituel, cela devrait grandement faciliter les choses.

*

* *

## ÉVOLUER AVEC SON CONJOINT

**Question :**

Comment puis-je vivre avec quelqu'un qui ne veut pas évoluer avec moi ? Mon mari et moi sommes ensemble depuis presque six ans et ces années ont été tendues en raison des disputes et des incompréhensions. Le fait que nous buvions beaucoup d'alcool n'a pas aidé. C'était un homme qui souffrait d'insécurité, mais il y a un an et demi, il a été brûlé gravement. Il a été hospitalisé pendant plusieurs mois, il a perdu sa main droite et il a failli mourir. Je n'ai jamais quitté son chevet ; je dormais dans un fauteuil dans sa chambre et j'aidais à soigner ses blessures. Durant cette expérience, il s'est passé quelque chose en moi qui m'a permis de voir le monde différemment, mais il est demeuré le même. Je ne bois plus et j'ai commencé à adopter un régime végétarien et à faire régulièrement de l'exercice. Je suis même retournée aux études. Je voulais le faire depuis longtemps mais la peur m'en avait empêchée. Ces jours-ci, je ne semble plus avoir de peurs. Maintenant, je vois la vie tellement différemment. Tout est si nouveau et merveilleux. J'ai également évolué en tant que personne. Il s'est passé quelque chose en moi, si bien que je ne peux pas redevenir qui j'étais auparavant, mais mon mari ne le comprend pas. Il se demande ce qui est arrivé à son épouse. Je suis beaucoup plus en paix avec moi-même et avec la vie que je ne l'ai jamais été, et je ne vois plus mon mari de la même manière. Pour la première fois de ma vie, je suis capable de le voir pour qui il est vraiment. Je ressens tellement d'amour pour lui, et cela n'a rien à voir avec le fait qu'il soit gentil ou pas. J'ai parfois l'impression que mon cœur va exploser. Le problème est qu'il n'a pas changé et qu'il souffre encore plus d'insécurité qu'avant. Je l'aime et je l'accepte tel qu'il est, mais il ne le voit pas, si bien que je dois toujours me défendre. Il refuse d'être différent de ce qu'il a toujours été, et il ne sait plus qui je suis. J'ai vraiment cru qu'il allait changer lui aussi à la suite de son expérience, surtout quand il m'a raconté, lors de son opération, qu'il avait vu un ami décédé il y a quelques années, et combien il se sentait bien dans l'Au-delà et qu'il ne voulait pas revenir. J'ignorais s'il s'était passé quelque chose dans la salle d'opération, mais quand il s'est réveillé, il voulait tellement que je sache qu'il était revenu pour moi. Il ne cessait de répéter : « Je suis revenu pour toi ; je suis revenu pour toi. » Je n'ai plus l'impression que nous allons dans la même direction et je ne sais pas quoi faire. Je l'aime de tout mon cœur, et tout ce qui m'exaspérait avant à propos de lui ne me dérange même plus. Je veux seulement avoir l'occasion de l'aimer et de lui montrer combien je l'aime. Comment puis-je le faire alors qu'il ne cesse de me rendre responsable de son insécurité et qu'il est constamment mécontent ? Aidez-moi, s'il vous plaît. J'ai l'impression que nous sommes dans deux mondes différents et que je vais le perdre, alors que tout ce que je veux, c'est l'aimer.

**Réponse :**

On dirait que vous avez vécu une transformation majeure dans votre cheminement de vie et votre croissance spirituelle, et il est tout à fait naturel que vous vouliez le partager avec votre partenaire. Mais d'après ce que vous avez décrit à propos de votre relation passée, il n'est pas clair que votre mariage était basé sur une vision spirituelle commune. Alors, même si ce serait formidable si sa vie changeait comme la vôtre a changé, vous ne pouvez rien y faire, et pour une quelconque raison, ce n'est peut-être pas le bon moment pour lui. Tant qu'il ne cherche pas à vous décourager, vous pouvez continuer d'évoluer aussi rapidement à ses côtés que vous pourriez le faire sans lui. Vous devez seulement vous demander si vous pouvez l'aimer et l'accepter tel qu'il est, sans le juger ou vous attendre à ce qu'il change. Si vous le pouvez, alors vous faites la meilleure chose qu'une personne puisse faire pour une autre.

*

* *

## ÉNERGIE BLOQUÉE

**Question :**

Mon partenaire a de l'énergie bloquée (en particulier en ce qui concerne son travail et sa raison d'être dans la vie). Il ne sait pas comment se débarrasser de ces blocages, mais il semble prêt à tout essayer. Je l'aime et cela me fait mal de le voir aussi enlisé dans sa vie. Puis-je l'aider ?

**Réponse :**

Faire circuler de l'énergie bloquée n'est pas compliqué. Il suffit de savoir ce que vous ressentez, où vous le ressentez, puis de trouver un moyen d'expression avec lequel vous êtes à l'aise pour vous en libérer. En raison de leur conditionnement culturel et social, beaucoup de gens ont peur d'examiner honnêtement leurs sentiments, alors la première étape consiste souvent à apprendre à prêter attention à leurs sentiments. Vous pouvez aider votre partenaire en lui demandant ce qu'il ressent, ce que cela lui fait, et s'il y a une zone dans son corps où ce sentiment se répercute le plus. Le fait de localiser dans le corps l'impact de ses sentiments peut aider à concrétiser et définir ces derniers. Cette sensation corporelle permet alors de mieux remarquer comment l'énergie se remet à circuler une fois qu'elle est débloquée.

Trouver un exutoire à ces sentiments peut aider à faire circuler l'énergie bloquée. Mais il y en a trop pour que je puisse tous les énumérer. Toutefois, vous pouvez le faire en parlant à des gens, en écrivant, en dansant, en chantant, en marchant, en méditant, en faisant du yoga, en écoutant des tonalités ou de la musique, en faisant de l'exercice ou du jardinage, etc. Bref, tout ce qui aide à activer ce sentiment enlisé afin de supprimer la tension. Ce qui importe, c'est de maintenir un lien conscient avec le sentiment pendant que vous pratiquez une activité thérapeutique, sinon, vous risquez de simplement éviter l'énergie au lieu de la libérer.

*

* *

## AIMER TOUT LE MONDE

**Question :**

Parfois, j'ai l'impression que quelque chose cloche chez moi, car j'ai tendance à m'amouracher de tout le monde (tant les hommes que les femmes). J'aime toutes les personnes que je rencontre. Ce n'est pas un problème sexuel, car je suis mariée et j'ai deux enfants. Mais mon cœur a un problème. Je ne sais pas pourquoi lorsque je parle ou que je passe du temps avec quelqu'un, son énergie m'étreint et mon énergie réagit de la même manière. C'est comme si nos énergies dansaient ensemble. Je n'ai pas nécessairement besoin d'être près d'une personne ; mon âme sait instantanément si une personne pense à moi avec amour, et dès lors, mon cœur s'emballe. Le vrai problème est mon mari. Il n'arrive pas à comprendre pourquoi je suis si ouverte et si sociable avec les gens. Mais c'est difficile de mettre fin à mon mariage ; nous sommes ensemble depuis 13 ans. Je ne sais pas quoi faire, car je sens que mon comportement le dérange de plus en plus. Je suis certaine que nous sommes devenus incompatibles. Il a besoin de moi, mais en même temps, il me blesse à cause de sa jalousie et il lui arrive même d'être violent. Je ne ressens pas l'envie d'être avec quelqu'un. Je m'aime et cela suffit. Mais cette incapacité à résoudre mon propre problème est peut-être due à mon karma. Que dois-je faire ?

**Réponse :**

On dirait que vous êtes une âme très ouverte et aimante. Vous avez commencé votre lettre en vous demandant si quelque chose clochait chez vous, puis vous dites que le problème réside dans le fait que votre mari est incapable d'accepter votre vraie nature. Alors je me demande si, à part les problèmes de votre mari, vous avez eu des difficultés reliées à votre interaction libre et ouverte avec les autres. Est-ce que le fait de tomber amoureuse de tous ceux que vous rencontrez vous a causé des problèmes ou des incompréhensions ? Êtes-vous entièrement à l'aise avec cet aspect de votre nature ? Si c'est le cas et que vous voulez rester avec votre mari, vous devrez lui expliquer que cette attirance n'est pas sexuelle et que ce n'est pas une menace pour lui ou pour votre mariage. Mais j'ignore si cela fonctionnera. Je ne sais pas à quel point votre mari est réceptif, mais s'il est de nouveau violent avec vous, vous devriez partir.

Par contre, si cette trop grande ouverture émotionnelle envers les étrangers vous pose également un problème, vous devriez alors faire des efforts pour resserrer vos limites émotionnelles et apprendre à faire la différence entre ce que vous ressentez et ce que les autres ressentent.

*

* *

## S'ÉLOIGNER L'UN DE L'AUTRE

**Question :**

Je ne sais plus quoi faire avec mon mari, qui est une bonne personne, mais un matérialiste invétéré. Le pouvoir est tout pour lui. Il vit pour faire de l'argent, pourtant, la plupart du temps, il est malheureux. J'ai l'impression que nous nous éloignons l'un de l'autre, parce que je ne peux pas revenir en arrière, et il n'est de toute évidence pas prêt à évoluer. Cette situation me rend très triste parce que j'aime mon mari et je sais qu'il est malheureux et déprimé en raison de son manque de spiritualité et de son incapacité à voir la vie sous un autre angle.

Où en suis-je dans cette relation ? Il dit que j'ai beaucoup changé et que je ne suis pas la même personne qu'il a épousée. Il peut parfois être arrogant et je ne sais pas comment composer avec ses changements d'humeur. Comment puis-je l'aider et devrais-je seulement essayer ? Et quels compromis devrais-je faire sans me trahir moi-même ?

**Réponse :**

De toute évidence, votre situation pose un véritable défi et je n'ai pas de conseil simple à vous offrir pour la rendre soudainement plus facile. Vous devriez essayer d'aider votre mari, car rien n'indique dans votre lettre que ses valeurs matérialistes le rendent malheureux. Il est donc peu probable qu'il voie qu'il a besoin d'aide présentement.

L'amour que vous partagez dans votre mariage est précieux, et ce sera la clé pour trouver la raison plus profonde de votre union. Si vous pouvez tous les deux découvrir quel est votre but spirituel, quelle est votre mission supérieure, vous pourriez alors constater que son matérialisme n'est pas un problème pour vous, et que votre détachement face au pouvoir n'est pas un problème pour lui, parce que vous pouvez tous les deux trouver d'autres façons de vous soutenir. Souvent, les couples qui ont des visions différentes quant à leur croissance personnelle peuvent réussir à être heureux ensemble s'ils respectent pleinement la croissance de l'autre et le rôle que chacun joue pour accomplir leur mission de vie. Dans ce contexte, les compromis ne trahissent pas l'intégrité d'une personne parce que vous êtes au service de l'union supérieure de vos deux âmes.

Par contre, même si vous vous aimez profondément, si l'un de vous deux n'arrive pas à trouver un but commun ou n'a pas de respect pour le cheminement de l'autre, alors ces divergences personnelles peuvent être un signal que vous devriez trouver un autre contexte affectif dans lequel votre croissance spirituelle pourra s'épanouir.

*

* *

## L'ÉNERGIE ENTRE UN ÉPOUX ET SON ÉPOUSE

**Question :**

Je perçois des pensées malveillantes quand mon mari me regarde et me parle. Je laisse ses pensées me faire du mal, en sachant que nos énergies ne sont pas synchronisées. Que devrais-je faire ?

**Réponse :**

L'harmonie dans un couple est essentielle, mais c'est également important d'être honnête avec ce que chaque personne ressent. Je mettrais d'abord les choses au clair. Essayez de savoir ce que votre mari ressent plutôt que d'essayer d'interpréter des signes invisibles. Vous sentez peut-être que cette énergie est dirigée vers vous, ou il a peut-être des problèmes dans un autre aspect de sa vie qu'il ne peut pas exprimer. D'une manière ou d'une autre, posez-lui la question et discutez de ce qui se passe. Vous ne devez certainement pas devenir la victime d'une négativité que vous ne pouvez pas identifier. Si l'amour sous-jacent entre vous est puissant, vous pourrez alors surmonter cet obstacle en prenant conscience que le mariage le plus parfait n'est pas celui où les partenaires sont heureux en tout temps, mais où ils peuvent faire des efforts pour retrouver le bonheur durant les périodes difficiles.

*

* *

## LES PAGES DU MATIN

**Question :**

Ma façon de méditer est d'écrire des pages le matin. Souvent, pendant que j'écris, je me défoule simplement à propos de différentes choses. Des choses qui me fâchent ou des personnes qui m'ont mis en colère. Parfois, de vieux traumatismes ou de vieilles blessures remontent à la surface. Je me contente d'écrire et je me sens vite plus léger et prêt à affronter la journée. Je fais cet exercice depuis des années et cela m'a vraiment aidé. J'écris habituellement sur du vieux papier d'ordinateur, puis je jette les feuilles à la poubelle. C'est un geste symbolique où je « jette mes pensées » pour laisser l'univers les recycler à sa façon. Un jour, mon épouse a trouvé une de mes pages dans la poubelle et elle l'a lue. J'avais écrit des propos plutôt durs à son sujet. Des choses que j'avais l'intention de lui mentionner quand je ne serais plus au milieu de la tourmente émotionnelle que cela suscitait en moi. Eh bien, à partir de ce jour et pendant une longue période, elle a ramassé mes pages dans la poubelle et s'est mise à éprouver beaucoup de ressentiment. Elle m'en voulait d'avoir écrit tout ça, parfois dans un contexte de prière. (Je commence habituellement en implorant l'Esprit et la Présence divine de m'aider à me débarrasser de tout ce qui me tracasse.) Voici ma question : quand je rédige mes pages du matin, ou que je me défoule, est-ce que je prie pour que quelque chose se manifeste, ou est-ce que je me débarrasse vraiment de quelque chose ? Si je dirige inconsciemment des pensées négatives vers ma femme, j'en serais vraiment triste.

**Réponse :**

Pour déterminer si vous vous débarrassez vraiment d'une énergie négative ou si vous ne faites que la renforcer, vous devez voir si les problèmes que vous avez essayé de régler il y a plusieurs années se sont améliorés et si vous êtes passé à des questionnements plus profonds ou nouveaux. Si vous constatez que vous faites des progrès, alors expliquez à votre épouse comment vos pages du matin vous aident à devenir un mari plus aimant et plus heureux. Dites-lui que ce que vous écrivez ne sont pas des choses que vous voulez qu'elle (ou quiconque) sache à propos de vous, mais plutôt un exutoire pour votre guérison émotionnelle. L'écriture peut être vue comme une sorte de pansement qui est jeté chaque fois que la blessure est nettoyée. Vous pourriez aussi constater que vous avez davantage l'esprit en paix si vous déchirez chaque jour vos pages du matin ; ainsi elles ne risquent pas de causer du tort parce que votre femme les a lues. Vous pourriez même les déchirer ou les brûler pour en faire une sorte de rituel de libération où vous abandonnez consciemment ces sentiments dans l'univers.

*

* *

## MAUVAISE COMPRÉHENSION DE « VIVRE DANS LE PRÉSENT ÉTERNEL »

**Question :**

Je suis dans une relation depuis 15 ans. Dans mon esprit, il s'agissait d'un engagement amoureux mutuel. Mon partenaire a eu un contrat pour travailler à l'extérieur de la ville et il a eu une aventure avec une autre femme. Je l'ai appris et j'en ai été très affectée. J'ai confronté mon conjoint et j'ai communiqué avec la femme en question. Il s'est engagé à être avec moi et à faire des efforts pour reconstruire notre relation. Toutefois, sa maîtresse prêche vos paroles, mais elle les interprète à sa façon pour qu'elles répondent à ses besoins. J'essaie d'aider mon conjoint à comprendre ce que signifie être dans une relation saine et exclusive.
Voici une de vos citations que cette femme a utilisée pour justifier leur aventure : « Nous sommes des voyageurs sur le chemin cosmique – des poussières d'étoiles, roulant et dansant éternellement dans les remous et les tourbillons de l'infini. La vie est éternelle, mais les expressions de la vie sont éphémères, momentanées et transitoires. Nous nous arrêtons un instant pour nous rencontrer, nous regarder, nous aimer et partager. Ce moment est précieux, mais il est passager. C'est une parenthèse dans l'éternité. Si nous le partageons avec attention et amour, le cœur lumineux, nous créerons l'abondance et la joie les uns pour

les autres. Alors ce moment aura été digne d'être vécu. »

Qu'est-ce que cela signifie ? Est-ce que vous dites qu'il n'y a pas de mal à coucher à gauche et à droite, et à tromper son partenaire tant qu'on y prend du plaisir ? Je suis bouddhiste et je respecte beaucoup vos enseignements, mais je suis stupéfaite de la façon dont les gens interprètent vos propos. Comment pourraient-ils être communiqués ou expliqués dans le contexte réel de ce que vous voulez dire ?

**Réponse :**

Cette citation parle de trouver la joie et l'accomplissement en vivant pleinement le moment présent. Elle n'encourage pas la promiscuité ou l'hédonisme. Bon nombre de personnes ne sont pas conscientes que la quête du bonheur et du plaisir en dehors de leur relation est basée sur une croyance voulant que ces derniers ne sont pas déjà disponibles, ici et maintenant, dans leur relation, leur travail, leur famille, leur état d'esprit et leur corps. Quand nous vivons dans le moment présent, nous faisons l'expérience de l'infini dans le moment transitoire du point de vue de notre présence éternelle. C'est ce moment-là qui vaut la peine d'être vécu.

Si nous imaginons que le bonheur est une chose que nous saisissons lors de rencontres fugaces, nous nous voyons alors comme des étincelles éphémères qui s'étreignent à l'infini – ce qui est absolument l'inverse. Nos responsabilités actuelles, nos liens de confiance et nos obligations sont des parties essentielles de notre réalité actuelle. Chercher l'accomplissement à l'extérieur de cette réalité signifie que vous essayez de trouver le bonheur en dehors de vous-même. Ce n'est pas ce moment qui vaut la peine d'être vécu dont je parle.

*

* *

## ÊTRE VULNÉRABLE AUX ÉMOTIONS TOXIQUES

**Question :**

Je vis au bord d'un lac et je profite des bruits apaisants de l'eau. Les vagues font écho à ma respiration, le vent devient mon souffle et tout ce qui m'entoure est en moi. C'est merveilleux et je me sens comme si j'étais dans ma bulle.

Mais dès que mon mari revient à la maison, le charme est rompu en raison de son humeur et de ses remarques. Puis, je me mets à éprouver du *ressentiment* envers lui parce qu'il a perturbé ma paix (même si je sais que je me laisse perturber).

Avant d'aller travailler, je vais dehors pour avoir un moment de silence. J'ai l'impression de rayonner. Quand je suis au travail (je suis infirmière), j'ai les meilleures intentions d'être au service de mes patients et d'améliorer leur sort dans chaque mot, chaque geste ou chaque acte de bonté que je leur accorde. Je sais que je suis privilégiée d'avoir cette vocation.

L'ambiance dans cette institution, en particulier maintenant, est empreinte d'incertitude et de chaos, avec les suppressions d'emplois et les restrictions budgétaires. Mes collègues se plaignent, ils ne se sentent pas appréciés et ils travaillent plus que la normale. Je ne fais qu'un avec la conscience collective… Je suis comme une éponge qui absorbe l'ensemble de l'humeur du personnel et de l'endroit. Je finis par me plaindre, peut-être pas autant qu'avant, mais je me plains tout de même. À la fin de la journée, je quitte les lieux découragée et vaincue, et je me sens mal à propos de moi-même parce ce que je me suis laissé affecter par des forces extérieures.

Je vois un peu d'amélioration, mais si je pouvais simplement m'asseoir sur mon rocher, au bord de l'eau…

Pourquoi suis-je si faible ? Dois-je aller vivre dans une caverne ou un monastère pour être loin des jugements et de la négativité que je semble absorber ? Est-ce parce que je suis vide, comme une éponge, que je suis si vulnérable, si sensible aux influences extérieures ? Comment peut-on devenir sourd à l'immense négativité des autres sans en être affecté ? Est-ce que cela peut s'améliorer ? Je ressens une telle frustration et un tel sentiment d'échec quand cela m'arrive. Parfois, je reviens à la maison en pleurant à chaudes larmes.

Et comment pouvons-nous déterminer que des situations et des gens sont toxiques ou qu'ils jouent un grand rôle dans la négativité que nous ressentons ? Jusqu'à quel point devons-nous faire des efforts pour maintenir des relations viables ?

**Réponse :**

Je ne pense pas que vous avez échoué ou que vous êtes faible. Je crois que vous avez seulement besoin de porter avec vous la paix que vous créez quand vous communiez avec la nature et d'y accéder durant le reste de la journée. Si vous irradiez autour de vous un sentiment de paix, de gratitude et de calme durant toute la journée, vous serez déjà comblée et vous n'absorberez plus les sentiments toxiques autour de vous.

Essayez de vous rappeler un moment où vous vous êtes sentie équilibrée, joyeuse et décontractée au milieu d'une situation difficile. Rappelez-vous comment votre corps se sentait, votre respiration naturelle, vos muscles détendus, votre posture droite et ouverte. Remarquez tous les détails à propos de cet état et soyez consciente que c'est vous qui êtes en train de vivre votre vérité dans le monde réel. Il s'agit d'un cas où vous avez apporté la présence de votre Moi silencieux dans l'action réelle. Donnez un nom et une image à cet état afin d'ancrer cette expérience dans votre corps et votre esprit. Que ce soit à la maison ou au travail, rappelez-vous cette présence en vous-même chaque fois que c'est nécessaire afin de vous aider à retrouver cet espace de paix intérieur. Certains trouvent utile de porter sur eux une image pour se rappeler visuellement cet état. Alors vous pourriez avoir une photo de vous sur votre rocher au bord du lac, que vous gardez au travail, ou comme écran de veille sur votre ordinateur. Ou vous pourriez porter un pendentif ou un anneau que vous pouvez toucher de temps à autre pour rediriger votre attention sur votre centre d'équilibre. Soyez créative et trouvez ce qui fonctionne le mieux pour vous.

Avec le temps, vous constaterez que vous ne serez plus autant perturbée par les autres et que votre propre influence positive sera de plus en plus ressentie autour de vous. Vous avez déjà remarqué une certaine amélioration chez vos collègues de travail grâce à votre influence. Elle continuera de grandir, mais sans que vous vous sentiez aussi épuisée et découragée.

*

* *

## L'ÉPOUSE D'UN PASTEUR

**Question :**

Je suis une jeune femme d'Afrique du Sud qui s'est mariée à l'âge de 19 ans à un pasteur qui a fondé et dirige une église chrétienne. Ces dernières années, certains événements se sont produits dans mon mariage qui m'ont fait comprendre que je ne souhaite plus maintenir cette union. Je ne vois pas d'avenir en tant qu'épouse d'un chef d'une église chrétienne traditionnelle, mais ma famille et les aînés autour de moi me découragent de quitter mon mari malgré le fait qu'il a entretenu une aventure extraconjugale, qu'il est colérique et a mauvais caractère, et que c'est un menteur pathologique. Le message que mon entourage me transmet est que les mariages sont ainsi, et que je dois simplement être une épouse forte et rester malgré tout aux côtés de mon époux parce que notre union a été bénie par Dieu et que si j'y mets fin, je vais me détourner de sa volonté. J'ai entendu un principe disant qu'en nous mariant, c'est nous que nous épousons, et je crois que si mon mari est vraiment une manifestation de mon état de conscience, alors j'ai le droit de me retirer de mon mariage et de composer avec ces choses en moi.

J'ai peur de commettre une erreur et de rejeter ce que les gens dans ma société considèrent comme important (le mariage), mais j'éprouve un profond désir de vivre une vie authentique en étant fidèle à ce que je crois être bon du fond de mon cœur. Mon mari est une bonne personne et, comme tout le monde, il a ses faiblesses et il fait des erreurs. Mais je sens que je ne peux plus vivre avec lui, et je crois que mon besoin d'emprunter une autre voie dans la vie pourrait avoir causé toutes les situations qui se sont produites dans notre mariage jusqu'à présent. Que dois-je faire ?

**Réponse :**

Vous semblez être une jeune femme intelligente, mûre et réfléchie, et votre idée de prendre le temps d'examiner les choses en vous qui sont reflétées dans votre mariage me semble très sensée. C'est particulièrement vrai si votre mari n'est pas intéressé à en parler et à essayer de résoudre ces questions avec vous. Je suis conscient de la difficulté que vous avez à trouver une vie authentique quand votre famille et votre communauté veulent seulement que vous vous conformiez à leurs attentes afin que leur propre vie ne soit pas dérangée. Mais rappelez-vous qu'il s'agit de votre vie et pas de la leur.

J'admire le fait que vous ne vous contentez pas seulement de blâmer votre mari et de fuir. Vous êtes prête à utiliser cette difficulté pour découvrir une plus grande signification dans votre vie et une expression plus authentique de votre être. Votre intuition est bonne, et je sais que vous trouverez une façon de vivre plus pleinement dans la lumière de Dieu.

*

* *

## MARIAGE REMIS EN QUESTION

**Question :**

Je suis avec mon conjoint depuis presque 13 ans, ça fait cinq ans que nous sommes mariés, et nous avons plusieurs enfants. Mon mari a toujours été dominateur, mais je l'ai laissé faire parce que j'ai toujours pensé : *c'est ton homme, c'est avec lui que tu as eu tes enfants, c'est ce que tu dois endurer.* Cependant, j'ai fini par comprendre (en fait ça s'est produit quand j'ai commencé à pratiquer le yoga et à étudier l'ayurveda) que je n'aimais pas être constamment sous ses ordres. Avec le temps, j'ai découvert des choses que j'aime et d'autres que je n'aime pas. Où je vais, ce que je porte, à qui je parle. Et j'ai commencé à faire le contraire de ce qu'il disait, ce qui l'a choqué et l'a rendu encore plus despote. Il veut lire mes textos et vérifier ma liste des appels pour voir qui m'appelle et qui j'appelle. Il me laisse rarement sortir seule de la maison et, quand il m'y autorise, je dois amener les enfants avec moi. S'il remarque que j'ai reçu un texto, il me pourchasse pour essayer de le lire. Il dit qu'il n'a aucune confiance en moi. Durant toutes les années de notre vie commune, je n'ai jamais rien fait de mal ou qui pourrait lui donner une mauvaise opinion de moi. J'ai toujours été une bonne partenaire. Pour être honnête, avec tous les mauvais traitements dont j'ai été victime au fil des années, j'en ai assez d'être gentille ! Il m'irrite beaucoup. Je ne veux plus qu'il soit près de moi ou qu'il me touche. Dans le passé, il m'a menacée de divorcer à plusieurs reprises chaque fois que je ne faisais pas ce qu'il voulait (par exemple, avoir un bébé, ou quand il ne voulait pas que j'aille travailler et que je l'ai tout de même fait).

J'en suis venue au point de lui dire : d'accord, je ne veux plus de toi non plus. Maintenant, il agit comme s'il essayait de regagner mon amour, mais je ne peux plus accepter cela. Il affirme que la seule raison pour laquelle il me traitait aussi mal était parce qu'il n'approuvait pas l'amitié que je partage avec un autre homme. Il avoue qu'il était jaloux et que c'est pour cette raison qu'il essayait de surveiller mes moindres gestes. Mais il ne m'en a jamais parlé auparavant. Maintenant, il dit que si je renonce à cette amitié, nous pouvons rester mariés et notre vie sera meilleure.

Maintenant, voici mon problème : après toutes ces années de mauvais traitements, je ne veux pas renoncer à mon ami. Il habite à des milliers de kilomètres, dans un autre pays, et je ne le reverrai peut-être jamais plus, mais je me fie beaucoup à mon intuition et, jusqu'ici, elle ne m'a jamais trompée. De plus, mon gros bon sens s'y refuse et me dit : ton mari a été tellement méchant avec toi ; il ne changera pas après que tu auras renoncé à ton ami. J'aime beaucoup cet ami et je ne veux pas renoncer à lui. Nous avons été seulement des amis pendant longtemps et il ne s'est rien passé au départ. Mais j'admets que j'ai mal agi par la suite. Quand nous nous sommes séparés mon mari et moi, il y a un certain temps, je suis allée rendre visite à cet ami et nous nous sommes rapprochés, si vous voyez ce que je veux dire. Et je sais qu'il ne pourra jamais être mon partenaire parce qu'il a quelqu'un d'autre dans sa vie. Voilà pourquoi tout cela est mal moralement, mais à ce moment-là, je me posais tellement de questions à propos de ma vie, que je ne m'en suis pas soucié. Mais depuis, je sens que je n'ai même pas le droit de renouer avec mon mari en raison de ce que j'ai fait – même si je voulais être avec lui. Je ne crois pas que je le mérite, mais je ne le désire pas non plus. Je veux mon ami, que j'aime sincèrement, mais que je ne peux pas avoir. De toute ma vie, je n'ai jamais ressenti pour quelqu'un ce que je ressens pour lui. Cependant, je tiens à conserver nos liens d'amitié, même si c'est la seule relation que je peux avoir avec lui. Vous comprenez ce que je veux dire ? Mais je me sens triste pour mes enfants et aussi pour mon mari parce que je ne peux pas lui avouer ce qui est arrivé. Cela le démolirait et je ne souhaite pas lui infliger une telle épreuve. Et je ne veux pas non plus être seule pour le reste de ma vie. J'ai peur de mon avenir. J'ai peur de ce que je ressens. J'ai peur de prendre la mauvaise décision et de m'en rendre compte plus tard, quand il sera trop tard. Mon mari me menace constamment qu'il va me ruiner financièrement et me détruire mentalement. Voilà pourquoi je ne veux plus être avec lui, mais j'ai tellement peur. Je lui ai dit de partir. Il ne m'écoute pas. Il est horrible. Je suis complètement désorientée et je ne sais vraiment plus quoi faire de ma vie.

**Réponse :**

Vous n'aimerez sûrement pas ma suggestion, mais la voici. Je crois que votre cheminement vers le bien-être exigera que vous commenciez exactement là où vous en êtes avec les personnes qui vous entourent, et non pas en imaginant votre fuite. Il semble qu'une partie de la tension dans votre relation avec votre époux vient de la culpabilité que vous avez ressentie après votre aventure avec votre « ami ». Même si vous n'en avez pas parlé à votre époux parce que vous croyez que cela va le démolir, il semble que cela a déjà détruit la confiance entre vous et lui. Vous dites que vous ne voulez pas passer le reste de votre vie à avoir peur et à être seule. Eh bien, les choses ne s'amélioreront pas si vous souhaitez être avec votre « ami », qui est déjà avec quelqu'un d'autre, alors que la situation continue de se détériorer avec votre mari et vos enfants. Regardez les gens qui vous entourent dans votre foyer. Ce sont exactement les gens et la situation dont vous avez besoin pour créer la vie que vous désirez. Soyez honnête avec vous-même à propos de votre situation. Vous n'avez pas mal agi en faisant l'amour avec votre ami, mais vous n'êtes pas honnête avec vous-même en voulant maintenir cette relation et en souhaitant que cela vous aidera à vous sentir moins malheureuse, même si vous savez que cette amitié n'a aucun avenir. Vous dites que vous souhaitez conserver cette amitié si c'est la seule façon que vous pouvez l'avoir. Ce n'est pas une bonne idée. Vous ne l'avez pas : ce n'est pas une amitié, c'est un fantasme amoureux nocif que vous essayez d'entretenir en appelant cela de l'amitié. C'est ce jeu de faux-semblant qui vous rend malheureuse et confuse. Ce fantasme nuit à votre relation avec votre mari, même s'il n'est pas la première cause de vos problèmes conjugaux. Votre clarté d'esprit et votre bonheur dépendent de votre volonté de cesser de vous faire des illusions. Ensuite, soyez honnête avec votre époux. D'après ce que vous avez écrit, je conçois qu'il pourrait ne pas vous pardonner ou comprendre, mais il y a tellement de méfiance et de culpabilité dans votre relation maintenant qu'elle n'a aucune chance sans honnêteté. S'il s'avère que votre mariage ne survit pas, au moins, vous n'aurez pas reporté l'inévitable avec davantage de tromperie et de peur. Par contre, si vous vous entendez pour essayer de résoudre la situation, cette honnêteté sera alors une base sur laquelle vous pouvez retrouver la confiance, le pardon et l'affection. Ce processus pour que vous repreniez contact avec la réalité est également essentiel au bien-être de vos enfants.

*

* *

## UNE DÉCISION À PROPOS DU MARIAGE

**Question :**

Dans notre cheminement vers la conscience et l'illumination, je crois qu'il est de notre devoir d'assumer pleinement la responsabilité de ce que nous avons créé et des circonstances dans lesquelles nous nous trouvons. Personne d'autre n'est responsable ou à « blâmer ». Cela veut dire que nous devons nous examiner et connaître, ou découvrir, nos comportements récurrents et notre part d'ombre qui peuvent limiter notre créativité et notre pouvoir de l'intention. Notre environnement est comme un miroir qui peut nous aider à accomplir cet exercice. Je suis certaine que vous seriez d'accord avec ce point de vue, alors j'apprécierais beaucoup un commentaire réfléchi, mais objectif, de votre part sur ce qui suit.

Même si j'ai la chance d'y voir clair dans de nombreux aspects de ma vie, que je suis libre, et que j'ai de plus en plus accès à mon pouvoir personnel, il y a un contexte où je me sens extrêmement inefficace pour déterminer où les responsabilités commencent et où elles finissent. Il s'agit du mariage, surtout quand il y a des enfants, comme c'est mon cas, avec mes deux petits. J'ai évolué et j'ai changé grâce au soutien affectueux de mon mari, qui est un « bon » mari. Je ne peux pas me plaindre d'être maltraitée ou négligée. C'est beaucoup plus subtil et embrouillé que ça. Même si je me dévoile constamment, que je montre mes comportements récurrents et ma part d'ombre, et que j'essaie de me corriger, mon mari s'en sert presque comme une arme pour prouver que c'est moi qui ai toujours été le problème. Pourtant, il n'assume pas sa part de responsabilité, car il contribue également aux schémas négatifs et malsains qui se répètent dans notre couple. Vous voyez, cela peut ressembler à une crucifixion, et ça finit par devenir un autre schéma malsain ! Alors que je considère toute chose, toute personne et toute situation comme une occasion d'apprendre et d'évoluer, et de réfléchir à mes propres luttes et problèmes intérieurs, je ne vois plus d'occasion d'apprendre et d'évoluer dans ce mariage. *À moins que* – et c'est ce qui me fait peur – je n'aie pas vu qu'en fait, j'ai beaucoup à apprendre de mon mariage et que je ne devrais pas partir simplement parce que mon mari est un peu étouffant ou que je le trouve négatif. Je sais qu'il n'y a pas de mauvaises réponses, mais dans ce cas, je suis terrifiée à l'idée de rester dans un mariage qui ne m'aidera pas à évoluer, et terrifiée d'abandonner un mariage qui pourrait évoluer positivement. Mais présentement, ce n'est pas le cas. J'ai constaté que c'est à l'extérieur de la maison, avec mes amis, que je trouve ma joie, mon épanouissement et mes liens affectifs. Je me suis d'ailleurs confiée à eux, et maintenant, je suis considérée comme une « infidèle ». Mon mari adhère à la théorie que tout est une question d'énergie et que nous devons simplement respecter « notre énergie », qu'il est inutile de « nous en vouloir » parce que le passé est derrière nous et qu'il n'est plus pertinent. Je crois qu'il a raison jusqu'à un certain point. Toutefois, apprendre à se connaître et à clarifier notre esprit permet à la lumière de nous pénétrer de manière plus éclatante et percutante si nous effectuons un travail d'introspection.

Par rapport aux notions d'abandon et d'acceptation, mais aussi à notre pouvoir créateur et à notre pouvoir de l'intention, croyez-vous qu'il s'agit d'une situation que j'ai attirée dans ma vie pour apprendre une leçon à laquelle je résiste (du moins à mes yeux), ou est-ce une situation que je devrais simplement changer pour ensuite passer à autre chose ? (Je dois aussi mentionner que mon mariage est bien dans l'ensemble. Si nous nous séparions, personne ne le comprendrait ou même ne le croirait. J'ai parfois l'impression que je me plains pour rien et qu'il y a beaucoup de femmes qui serait prêtes à tout pour avoir un mariage comme le mien, mais je ne fais pas partie de ces femmes et mes critères pour toutes mes relations sont très élevés.) Les faits fondamentaux que je ne peux pas ignorer sont que :

1 : Je ressens une importante baisse d'énergie quand je suis en présence de mon mari, ces jours-ci. (Est-ce que cela signifie qu'il y a en moi un aveuglement qui m'empêche d'en prendre conscience *ou* que mon mari draine effectivement toute mon énergie ?)

2 : Je suis fondamentalement, typiquement, sexuellement et socialement une personne extrêmement passionnée et joyeuse. Il ne l'est pas. Il est sérieux, d'humeur changeante et enlisé dans notre vieille dynamique parent-enfant. Alors que moi, je suis une enfant intrépide, qui aime sortir et s'amuser, et qu'il appelle pour « vérifier si je vais bien ». J'ai 35 ans et il en a 42. Mais je suis sortie de cette dynamique et j'ai évolué, mais je sens qu'il m'en veut pour ça.

Nous avons deux beaux enfants et, bien entendu, je veux faire ce qu'il y a de mieux pour eux et ne pas prendre une décision qui changerait complètement ma vie si ce n'est pas nécessaire. Si, dans la culture indienne, une personne peut apprendre à vivre et à rester avec le même partenaire durant toute sa vie, elle ne prend pas cette décision égoïste que je m'apprête à prendre, n'est-ce pas ?

**Réponse :**

Vous avez souligné un dilemme très difficile et extrêmement personnel. Votre situation n'est pas claire et nette au point que la solution soit simplement de rester ou de partir. Je crois qu'il vous serait utile de comprendre comment vos hypothèses perpétuent le dilemme et limitent vos options. Par exemple, vous semblez croire que l'apprentissage et l'évolution dans un mariage ne sont acceptables que s'ils répondent à des critères intérieurs de confort et de compréhension. Je ne dis pas que c'est mal, mais je crois que le manque de clarté à propos de ces critères est ce qui rend la décision difficile à prendre. Et à force de nous concentrer à déterminer s'il est « bon » pour nous de rester dans une relation, nous ne prenons pas conscience de ce qu'est notre expérience de vie réelle présentement. Vous semblez aussi présumer qu'un changement significatif n'est possible qu'en quittant la relation.

Quand la relation soulève des problèmes profonds et difficiles, il est naturel de détourner le problème ou de changer de sujet. C'est un mécanisme de défense. Nous nous protégeons souvent de ce qui nous paraît être un processus de guérison effrayant en nous inventant un dilemme inextricable. Je comprends que les différences entre vous et votre mari, que vous avez soulignées sont réelles, mais ce n'est pas parce que vous avez l'impression qu'il n'a pas évolué à votre rythme que votre croissance est actuellement limitée. Si vous pouvez vous concentrer sur quel processus particulier de votre évolution cette période de votre vie vous offre, il vous sera alors plus facile de prendre une décision à savoir si cette relation peut continuer de vous aider ou pas.

# LA FIN DES RELATIONS

## LE MARIAGE ET LE DIVORCE

**Question :**

Mon épouse et moi sommes mariés depuis six ans et nous sommes ensemble depuis huit ans. Présentement, elle sent qu'elle « n'est plus amoureuse » et elle est certaine qu'elle ne peut pas être heureuse dans notre relation. J'aimerais voir si nous pouvons retrouver le bonheur que nous avons déjà connu dans notre mariage. Mais ma femme ne veut pas, car, selon elle, cela fait quatre ans qu'elle essaie de faire en sorte que « les choses fonctionnent » en restant dans notre mariage et en faisant semblant de m'aimer « de cette façon » (même si elle ne le ressentait pas), dans l'espoir de rallumer la flamme entre nous.

Dans quelles circonstances devrions-nous mettre fin à un mariage ? Je ne veux pas rester dans un mariage qui ne comble plus nos attentes, mais je crois aussi que si nous parvenons à ouvrir notre cœur l'un à l'autre et à mieux communiquer, nous pourrions retrouver le « chemin vers l'amour ». Je sais que je ne peux pas décider pour elle, mais jusqu'à quel point devrions-nous poursuivre ce que notre cœur et notre âme nous disent être le véritable amour ?

**Réponse :**

Dans une relation, la situation se complique lorsqu'un partenaire est toujours amoureux et cherche à résoudre les difficultés du couple, alors que l'autre ne l'est plus et ne veut même plus essayer. Si en ayant une discussion sincère avec votre épouse vous parvenez à trouver un fond d'amour sous sa blessure et son désespoir actuels, vous aurez peut-être quelque chose sur lequel vous pourrez rebâtir votre relation. Cependant, si votre épouse est vraiment certaine qu'elle n'est plus amoureuse et qu'elle ne veut pas essayer de rallumer la flamme entre vous, il est alors difficile de voir un avenir pour votre couple. Vous ne pouvez pas étouffer vos propres sentiments amoureux, et vous ne le devriez pas, mais un mariage viable est une rue à deux voies sur laquelle circulent l'amour et le respect mutuels. Mais si elle choisit de ne plus faire partie de cette relation, vous devrez alors trouver une autre façon d'exprimer vos sentiments.

*

* *

## UN AMOUR DÉTACHÉ

**Question :**

Je me demande s'il y a une façon d'aimer quelqu'un en étant entièrement détaché, de l'aimer sans s'attacher. Je suis dans une relation qui m'a procuré beaucoup de joie et d'inspiration. Mais quand elle a pris fin (où quand mon partenaire a voulu que nous devenions des « amis » plutôt qu'un couple), la douleur que j'ai ressentie a été aussi grande et même plus cuisante que la joie que cette relation m'avait procurée (et continue de me procurer). La pensée de le perdre complètement (de ne plus l'avoir dans ma vie) me détruit et je prends conscience à quel point je m'étais attachée à lui. Je ne sais pas si c'est à lui que je suis attachée ou à la relation en soi – ou les deux –, mais je me demande seulement si vous croyez qu'il est possible de vraiment aimer quelqu'un sans s'attacher à lui. Je crois que c'est cet attachement qui provoque toute cette souffrance quand la relation prend fin ou change. Est-il possible d'aimer ainsi, et quelle attitude devons-nous adopter envers l'autre pour que la relation soit viable ?

**Réponse :**

Parfois, les personnes qui suivent un cheminement spirituel utilisent le détachement comme objectif pour surmonter la douleur causée par une perte émotionnelle. Mais ça ne fonctionne vraiment pas de cette façon. Le processus du deuil et de la guérison du cœur doit suivre son cours. L'amour consiste à toujours essayer d'unifier, alors pour que le cœur compose avec la perte, il doit éventuellement trouver un niveau plus profond d'unité dans la relation pour se remettre d'une rupture. Le détachement n'est pas une attitude, c'est une vision claire de qui vous êtes vraiment et de ce que vous n'êtes pas. Ce que nous appelons le détachement, c'est la capacité de ne plus s'identifier au « faux soi ». Ce détachement peut coexister avec l'amour, mais il ne peut pas être cultivé en adoptant une attitude d'indifférence et d'indépendance. Le détachement doit naître du véritable Moi, qui connaît la vérité à propos de lui-même. Ce niveau de vérité sert de base à la fois à l'amour et au détachement, car notre essence profonde est la même que l'essence profonde de tout le monde, et c'est à ce niveau que nous ne formons qu'un.

*

* *

## LE PARDON

**Question :**

Sur le plan spirituel, quelle est la dynamique du véritable pardon ? Je suis très fâché contre une personne, mais en même temps, je me sens mal parce que je suis en colère. Est-ce que le pardon consiste davantage en ma capacité de lâcher prise ou à pardonner à cette personne ? Et est-ce que pardonner signifie oublier ce qui est arrivé et laisser cette personne revenir dans ma vie ? Y a-t-il des situations qui sont impardonnables ?

**Réponse :**

Le pardon est davantage pour vous. Pardonner ne signifie pas que vous oubliez ce qui est arrivé, pas plus que vous devez laisser cette personne revenir dans votre vie. Exprimez la colère que vous ressentez, mais ne la laissez pas s'envenimer ou se transformer en ressentiment ou en culpabilité. Pour vous pardonner, vous devez vous voir comme votre Moi supérieur, non pas comme votre petit moi limité qui peut être blessé ou victime. Votre Moi supérieur est cette valeur témoin qui n'est pas affectée par les paroles ou les actes d'autrui, et cette pure conscience est ce que vous êtes véritablement. De ce point de vue, tout est pardonnable, car rien dans ce monde relatif ne peut changer ou altérer cette vérité.

*

* *

## L'IDENTIFICATION DANS UNE RELATION

**Question :**

J'étais récemment dans une relation où j'assumais la responsabilité de chaque « problème » entre nous. J'agissais avec l'idée que toutes les relations sont des cheminements solitaires que nous effectuons avec un compagnon ou une compagne dans le but de découvrir, d'évoluer et de se divertir ensemble.

À ce moment-là, cela me paraissait une bonne idée d'assumer toute la responsabilité et de ne jamais soulever les problèmes de l'autre personne. Je m'attendais à ce qu'elle comprenne cela et qu'elle commence à assumer la responsabilité de ses propres actions et émotions, mais tout ce qu'elle a fait, c'est de m'en imputer la responsabilité. Elle s'est ensuite mise à interpréter que je ne me souciais pas de ses sentiments et que j'étais le seul problème. J'ai adopté l'approche que nous sommes responsables pour nous-mêmes afin d'éviter le comportement habituel qui consiste à blâmer l'autre ou à se sentir victime, du genre « tu me fais me sentir... ». Je n'ai peut-être pas rendu service à ma compagne ou à notre relation en ne faisant pas de compromis et en ne jouant pas au jeu du blâme, car j'avais l'impression que cela aurait été un compromis malsain. D'après ce que je peux voir, l'échec de notre relation est une erreur, mais les choses n'auraient pas pu se passer autrement. C'était également une relation où lorsque l'un « se rapprochait », l'autre

« reculait », ce qui est plutôt dysfonctionnel de mon point de vue. Malgré cela, j'ai toujours pensé et je continue de croire que notre relation a une signification plus profonde voilà ce qui cause ma déception.

**Réponse :**

Il est naturel de ressentir de la déception et de la tristesse à la fin d'une relation. Trouver une signification plus profonde à votre relation, s'il y en a une, n'est pas ce qui importe pour vous maintenant. Votre capacité d'accepter la perte émotionnellement et de tourner la page suffit amplement présentement. Votre lettre montre combien vous avez sincèrement essayé de faire évoluer cette relation. Et votre déception à l'effet que vos efforts ont été vains est également touchante. Ce n'est pas facile d'apprendre à accepter un résultat différent de ce que nous désirions au fond de notre cœur. Je crois que vous avez bien fait de « ne pas jouer le jeu du blâme ». Cela n'aurait pas aidé votre relation. Soyez indulgent envers vous-même et donnez-vous un peu de temps pour guérir.

Faire preuve de maturité dans une relation et assumer nos responsabilités consistent en partie à mettre les choses en perspective. Vous dites que vous avez assumé l'entière responsabilité pour tous les problèmes qu'il y avait dans votre couple. Mais comme vous savez que cela est irréaliste, quelle que soit la relation, vous n'étiez pas entièrement honnête. Vous auriez dû assumer uniquement votre part de responsabilité face aux problèmes de votre couple. Je comprends qu'en assumant toute la responsabilité, vous vouliez aussi signifier à votre partenaire qu'elle pouvait en toute confiance admettre sa propre part de responsabilité, et que cela allait de soi. Mais ceci a plutôt créé en vous une grande attente à l'effet qu'elle devait agir comme vous, puis vous vous retrouviez dans une position difficile quand elle ne le faisait pas.

Mettre les choses en perspective signifie aussi connaître et accepter la personne avec qui vous êtes. Tout le monde évolue au moment et au rythme qui lui conviennent. Ce qui pour vous peut sembler une ouverture sincère à résoudre un problème comme une occasion de guérir et d'approfondir votre relation peut, pour elle, être un comportement menaçant, contrôlant et manipulateur. Dans les relations, il est important de nous exprimer, mais si l'autre est incapable de nous entendre ou de le recevoir, nous devons le reconnaître et l'accepter. Qu'il s'agisse d'une petite amie, d'un parent âgé ou de votre patron, vous devez pouvoir reconnaître à qui vous vous adressez et jusqu'à quel point votre attente d'être compris est réaliste. Si vous pouvez voir que ces gens font de leur mieux avec leurs propres peurs et blessures, vous pourrez alors être plus présent et plus honnête dans vos échanges, et vous vous sentirez ainsi plus en paix.

Lorsqu'une personne fait face à l'échec d'une relation, dans laquelle elle s'est investie corps et âme, cela cache parfois un certain niveau d'attente et un besoin d'emprise sur l'autre qu'elle n'aurait pas pu avoir autrement. Je vous souhaite la meilleure des chances.

*

* *

## LÂCHER PRISE OU S'ACCROCHER À L'AMOUR

**Question :**

J'ai récemment mis fin à une relation avec une personne que j'aime tendrement. Il n'y avait aucun doute que mon amour pour cette femme était manifeste pour chacun de nous. Durant notre relation, j'ai découvert que ma compagne avait de la difficulté à exprimer son amour et son appréciation. Elle me l'a admis et nous en avons discuté. Nous avons décidé que je lui enseignerais comment aimer. Je crois vraiment que mon véritable Moi l'a acceptée telle qu'elle était, car je croyais que son véritable Moi, ou son Moi supérieur, m'aimait même si elle avait de la difficulté à se montrer aussi aimante qu'elle l'aurait souhaité.

Au fil du temps, vers la fin de notre relation, je crois que j'ai perdu contact avec mon Moi supérieur. J'en apprenais davantage sur l'amour et sur mes sentiments et j'ai lentement commencé à cesser d'écouter mon ego pour plutôt écouter ma partenaire. C'était une amante très exigeante. Elle savait combien je l'aimais et elle s'attendait à ce que je lui prouve mon amour et que je sois un homme parfait en tout temps. Cela m'a mis de la pression. J'ai fini par avoir peur de la décevoir et qu'elle me quitte. J'ai perdu mon ego à force de toujours chercher à la satisfaire. J'avais l'impression de m'en remettre à mon ego pour me donner ce que je considère maintenant comme un faux courage, et me placer ainsi dans une position de vulnérabilité.

Récemment, il s'est passé quelque chose entre nous qui m'a fait très peur. J'ai laissé la peur surpasser mon amour, si bien que mon ego blessé a voulu se venger. Mon ego m'a dit que je ne recevais pas ce que je méritais, que mon amour pour elle était plus grand que son amour pour moi. Je me suis senti exploité, maltraité et négligé. J'avais l'impression qu'elle avait profité de ma gentillesse. Lors d'une dispute, je le lui ai dit, et je sais que cela l'a blessée émotionnellement. Et parce qu'elle avait du mal à exprimer son amour, durant et après cette dispute, elle n'a pas pu révéler son Moi supérieur, avec lequel j'étais tombé amoureux. Elle n'a pas su me rassurer qu'elle m'aimait vraiment et qu'elle était fidèle aux attentes que nous avions l'un envers l'autre. Elle est partie et notre relation a pris fin le lendemain de notre dispute.

Depuis, j'ai procédé à une profonde introspection de mon âme et j'ai découvert tant de choses grâce à votre site Internet et à vos livres. J'aimerais tellement pouvoir revenir sur ce que je lui ai dit, mais je sais que je ne le peux pas. Quand je lui parle, elle semble très désorientée, triste et perdue. Elle m'a dit qu'elle ne sait pas si elle va revenir ou non avec moi. Elle a peur que je la blesse de nouveau. Elle a senti mon ressentiment envers elle et elle ne sait pas pourquoi j'ai laissé ce sentiment monter en moi. Elle m'a dit que j'avais gâché ce que nous avions bâti ensemble, et j'ai accepté la responsabilité de tout cela. Je ne crois pas qu'elle m'a pardonné. Je me suis par contre pardonné et je lui ai aussi pardonné. J'aimerais vraiment renouer notre relation, mais elle ne semble pas prête.

J'ai donc essayé de me détacher de mon désir de l'aimer comme je l'aime vraiment. N'ayant aucune emprise sur ce qu'elle pourrait faire, je crois que la seule façon de guérir ma peine d'amour est de lâcher prise. Au fond de moi, je crois qu'elle va un jour me revenir, mais je sais que je ne dois pas l'attendre, car cela pourrait m'empêcher de tirer une leçon de cette expérience si jamais elle ne me revient pas.

Mon problème est que tout en essayant de lâcher prise, je ressens encore le besoin de m'accrocher à elle et de lui exprimer mon amour. J'ai examiné le problème que j'ai avec la peur, et j'ai noté les leçons que j'ai apprises de toute cette expérience pour ainsi éviter de ne pas répéter les mêmes erreurs. Sur le plan spirituel, j'ai l'impression de m'accrocher parce que je crois vraiment que notre lien amoureux et notre expérience ensemble étaient d'ordre spirituel. Lors de mon processus de guérison, je me suis demandé si mon sentiment d'insatisfaction était fondé, en raison de son incapacité à montrer son amour et son appréciation comme je m'y attendais. Ou peut-être que ce n'est pas la personne dont j'ai besoin dans ma vie en ce moment. Étant donné qu'elle a pu m'avouer son problème, aurais-je dû ou devrais-je être plus compréhensif et compatissant comme je l'étais avant de laisser la peur dominer mon amour pour elle ?

Malgré notre rupture, je continue de communiquer avec elle et je lui fais savoir que je suis là pour elle, mais cela ne semble pas être efficace, car elle est actuellement dévastée. Elle n'a plus d'emploi ni d'endroit où demeurer étant donné qu'elle a quitté notre maison. Y a-t-il quelque chose que vous pouvez recommander pour aider quelqu'un qui a beaucoup de difficulté à exprimer son amour et son appréciation envers une autre personne ?

**Réponse :**

Je constate qu'en ce moment, cette situation est pénible pour vous sur le plan émotionnel. Je crains que vous la rendiez encore plus confuse en essayant de la comprendre à travers le filtre psychospirituel. Le problème de base est que vous avez rompu avec une personne que vous aimez et vous ne savez pas si elle va revenir. Cela vous a toutefois permis de connaître une période productive de réflexion, de connaissance approfondie de soi et de croissance. Cependant, au lieu de vous demander si vous devriez vous détacher ou vous accrocher à l'espoir, je vous suggérerais de vous accrocher simplement à cet espace d'amour en vous. Je ne crois pas que ce soit une bonne idée de prendre du recul par rapport à votre amour. Mais si vous pouvez simplement être cet amour pur dans votre cœur, sans attentes sur la façon dont cet amour devrait s'exprimer, avec qui ou à quel moment, votre relation vous permettra alors d'évoluer tant sur le plan émotionnel que spirituel, peu importe ce que cette femme décide.

Même si votre relation avec cette personne est unique et basée sur vos propres antécédents et vos objectifs communs, la difficulté pour deux individus de trouver un équilibre entre combler leurs besoins individuels et ceux de leur partenaire est universelle. Plus un membre du couple voit ces besoins fondamentaux comme conflictuels et incompatibles, plus la relation est empreinte de souffrance, de confusion et de peur. Par ailleurs, plus le bonheur et l'épanouissement de votre partenaire vous comblent, plus la relation est facile et heureuse.

Votre petite amie a peur d'être de nouveau blessée. La vérité est qu'elle sera encore blessée, que ce soit à cause de vous, de quelqu'un d'autre ou d'elle-même, jusqu'à ce qu'elle surmonte cette vulnérabilité. Il n'y a rien de mal à ce qu'il y ait des périodes douloureuses dans une relation, si vous prenez de la maturité et évoluez dans l'amour. Réussir une parfaite communion entre deux âmes n'est pas chose simple, et cela ne va pas de soi. Cela demande un engagement profond et ce n'est pas pour les cœurs fragiles. Alors gardez dans votre cœur un espace d'amour pour elle, qui lui permettra de choisir la voie qui lui convient le mieux. Ainsi, vous pourrez continuer d'évoluer dans l'amour, et vous permettrez à votre amour de s'exprimer de la façon qui a également un sens pour vous.

*
* *

## TROUVER LA FORCE DE PARTIR

**Question :**

Mon mari m'a trompée durant toute notre relation, car il est amoureux d'une autre femme qu'il aimait bien avant de me connaître. Je l'ai toujours su et je l'ai obligé à rester avec moi, même si je savais qu'il aimait quelqu'un d'autre. Il a été obligé de m'épouser et cela a été un désastre, mais j'étais désespérée parce que je ne pouvais pas trouver l'amour. À présent, j'ai trop peur d'être seule, même si notre union n'a jamais vraiment existé. Comment puis-je trouver la force de partir et de rencontrer quelqu'un qui saura m'aimer ?

**Réponse :**

Pour trouver la force, vous devez plonger en vous et savoir que vous êtes la force de l'univers, que vous êtes constituée de l'amour divin, et que vous êtes invincible et immortelle. Ceci est votre vérité et votre essence. Le jour où vous connaîtrez votre vérité, vous pourrez alors rester ou partir. Vous n'avez pas besoin de trouver quelqu'un qui vous aimera. Vous êtes amour et c'est l'amour qui vous trouvera.

*

* *

## RÉVÉLER UNE TROMPERIE

### Question :

Je suis sur le point de rompre avec ma fiancée, que j'aime pourtant beaucoup. Ces derniers mois, j'ai lutté avec un grand nombre d'émotions que j'ai refoulées trop longtemps. J'ai commencé à pleurer après de nombreuses années à vouloir « agir comme un homme ». J'ai partagé avec ma fiancée six années de bonheur, mais notre relation a souffert d'un manque chronique de communication à propos de sujets litigieux. Nous avons (et avions) tous les deux tendance à nous refermer et à éviter les discussions difficiles, au lieu de les affronter dans une discussion franche et ouverte pour régler les conflits et passer à autre chose. La situation a dégénéré jusqu'à ce que je découvre de nombreux textos et courriels d'un homme qu'elle avait rencontré à une conférence. Même après l'avoir confrontée à ce sujet, elle n'a pourtant pas cessé ses échanges amoureux avec cet homme ces derniers mois.

J'ai commencé à me préoccuper de plus en plus de sa vie secrète, ce qui n'était pas du tout mon genre, car jusqu'à ce que je découvre cette information, j'étais une personne qui faisait confiance. Habituellement, je m'attarde à ce qu'il y a de meilleur chez les gens plutôt que le pire. Elle a récemment admis qu'elle avait mis fin à son autre relation à quatre reprises au cours des quatre derniers mois, mais je crois qu'ils sont en train de reprendre. Nous avons finalement tous les deux décidé de cesser de nous voir durant un certain temps, pour sans doute planifier notre séparation.

Cet homme vit dans une autre ville et il a une épouse et deux enfants. Je suis renversé que ma fiancée ne voit pas combien leur relation est malsaine, aussi agréable que soit leur passion l'un pour l'autre. Voici ma question : d'après vous, est-ce ma responsabilité d'informer l'épouse de cet homme de son aventure extraconjugale, alors que je ne la connais même pas ? Je fais partie de l'univers, tout comme elle, et de l'information vient continuellement vers nous de sources inattendues. Je ne peux pas m'empêcher de penser que si j'étais elle, je voudrais savoir ce que fait mon conjoint. Il a dit à ma fiancée qu'il était en processus de divorce, mais j'ai l'impression que ce n'est qu'un prétexte pour montrer sa disponibilité, et son épouse n'a peut-être aucune idée de ses escapades. Quand j'en discute avec ma fiancée, elle semble croire que ce n'est pas à moi de révéler cette tromperie et de compromettre l'union d'un couple. Pourtant, elle compromet inconsciemment leur mariage, car elle ne voit pas les impacts directs qui sont créés sur le karma.

Cette femme ne sera peut-être jamais mise au courant de l'aventure de son mari, étant donné qu'il voit ma fiancée que quatre fois par année, lors de conférences. Leur relation consiste en majeure partie à s'envoyer des messages et à s'appeler au téléphone.

Durant ma méditation, je me suis demandé si je ne répondais pas à mon propre besoin de me venger de cet homme, mais je ne le crois pas. Je crois que j'éprouve plutôt de l'empathie pour un autre être humain.

**Réponse :**

Dans des cas semblables, c'est toujours délicat de présumer ce qui est mieux pour une autre personne. Je pense qu'il est préférable que vous vous occupiez de vos propres affaires. Soyez assuré que cette femme apprendra ce qu'elle a besoin d'apprendre en temps et lieu. Vous avez beaucoup de travail à effectuer sur vous-même ; vous n'avez pas besoin d'assumer la part des autres. Je crois qu'après une réflexion approfondie, vous découvrirez que votre désir de dénoncer cette tromperie peut être empreint de compassion, mais qu'il y a aussi un besoin de vous faire justice et d'influencer l'issue de cette relation. Je vous recommande fortement de lâcher prise et de vous en tenir à votre propre relation.

*
* *

## REPRENDRE CONFIANCE

**Question :**

J'ai appris à ne faire confiance à personne depuis un divorce très douloureux, il y a quelques années. J'ai finalement cessé de fréquenter des hommes, car lorsque je commençais à me sentir à l'aise avec quelqu'un, je me mettais à paniquer et à ne pas croire en ses sentiments pour moi. Je suis une personne accomplie et attirante, et je pense constamment qu'aucun homme ne veut être avec moi pour qui je suis, seulement pour ce que je peux faire pour lui ou pour ma beauté. Je voudrais tellement pouvoir être simplement moi-même avec un homme sans craindre d'être trompée, mais je ne vois pas comment. Je sais que ce ne sont pas tous les hommes qui me tromperaient. Durant mon divorce, seulement deux ou trois amis me sont restés fidèles, y compris ma famille, mais les autres sont demeurés avec mon ex, à cause de son prestige. En ce moment, je suis amoureuse d'un homme qui a eu une vie plutôt chaotique, et cela me rend tellement anxieuse que je sens que je suis sur le point de l'abandonner. J'aime vraiment cette personne, qui dit m'aimer et qui comprend mon anxiété. Mais chaque petite chose qui ne fonctionne pas dans cette relation me rend soupçonneuse et ce n'est pas juste. Au fond de moi, je crois que je vais être blessée et que je ne devrais pas risquer de l'être à nouveau. C'est beaucoup plus facile d'avoir confiance en l'univers et en Dieu, mais je ne sais pas comment justifier le fait de ne pas faire confiance à un autre être humain, même les personnes avec qui je n'ai pas de relation intime, comme mes collègues de travail ou mes associés en affaires, car ce sont également des êtres bénis. Cela me paralyse et je n'ai pas avancé dans ma carrière, en grande partie pour la même raison. Je suis une personne digne de confiance, alors la plupart des gens le sentent et ils ont tendance à se confier à moi. Et cela aussi constitue un fardeau pour moi.

Durant mon divorce, j'ai perdu ma maison, mon travail et une grande partie de mon statut social. Mais tout ceci s'est finalement avéré une bénédiction, car ça m'a permis de renforcer mon lien avec Dieu. Comment puis-je utiliser ce puissant lien pour faire les bons choix concernant un partenaire et mes émotions ? La peur m'écrase. Souvent, mes émotions l'emportent et j'ai l'impression de retourner en enfance – mais pas dans le bon sens du terme. J'ai essayé de suivre une thérapie traditionnelle, mais je n'ai pas réussi à trouver un thérapeute qui avait une vision spirituelle, alors j'ai abandonné.

**Réponse :**

Cela peut prendre du temps à retrouver un sentiment de confiance dans les relations après une rupture traumatisante. Ce n'est peut-être pas évident, mais en fin de compte, vous devez avoir confiance en vous pour refaire confiance aux autres. Quand la blessure émotionnelle causée par le rejet et la trahison est à vif et que nous nous identifions à cette souffrance, il est trop facile de demeurer dans cet état et de ne pas courir le risque d'aimer à nouveau, car une partie de nous ne croit pas qu'elle pourra survivre à une autre rupture douloureuse. Nous ne faisons pas suffisamment confiance à notre véritable essence pour risquer d'aimer, parce que nous n'avons pas pleinement assumé notre identité. Vous pouvez utiliser votre lien profond avec Dieu, dont vous avez fait l'expérience après votre divorce, comme moyen d'affirmer votre vérité intérieure et de devenir plus forte en sachant que rien ne peut porter atteinte à votre Moi supérieur. Lorsque vous prendrez conscience que votre véritable Moi ne peut pas être blessé, trahi ou rejeté, vous verrez que vous pouvez courir le risque d'aimer à nouveau et vous aurez confiance que, peu importe l'issue de la relation, vous allez survivre.

*

* *

## LE PARDON D'AUTRUI

**Question :**

Si je sens qu'une personne ne m'a pas pardonné, comment puis-je passer à autre chose ? J'ai récemment blessé quelqu'un et j'ai perdu tout contact avec lui. Je me sens très triste et perdue sans la certitude qu'il pourrait un jour me pardonner.

Pourquoi est-ce que j'espère qu'il me dise « Je te pardonne » ? Je sais que je ne devrais pas m'y attendre, mais je fais beaucoup d'efforts de mon côté pour m'en remettre. Cela nous a causé beaucoup de chagrin à tous les deux, pour des raisons différentes. Je sais que je ne peux pas forcer cette personne à me pardonner, alors tout ce que je peux faire pour mon propre bien-être, c'est de tourner la page, mais comment ? Cette situation m'a rendue malade tant mentalement que physiquement.

**Réponse :**

Vous ne pourrez pas tourner la page tant que vous ne parviendrez pas à vous pardonner pour ce que vous avez fait. Rappelez-vous que vous n'êtes pas vos actions et que vous n'êtes pas définie par elles. Votre véritable essence n'est jamais altérée par aucune action, dans l'espace et dans le temps. Vous avez fait ce que vous croyiez être la meilleure chose à faire avec la connaissance que vous aviez. C'est tout ce qu'une personne peut faire. Vous pouvez seulement demander pardon et essayer de faire mieux la prochaine fois.

Vous croyez peut-être que vous avez besoin d'entendre de cet homme les mots « Je te pardonne », mais ceux qui ressentent le poids de la culpabilité vous diront que vous ne pourrez vraiment tourner la page que lorsque vous vous serez pardonné.

*
* *

## LA COLÈRE

**Question :**

Je me suis sentie terriblement maltraitée par un homme, et je suis incapable de pardonner ou d'oublier. Durant la journée, mes pensées semblent venir d'ailleurs, alors quand elles surgissent dans ma tête, c'est comme si elles sortaient de nulle part. J'essaie cependant de ne pas les cultiver, mais je me retrouve tout de même déprimée et amère et cela affecte le reste de ma vie. Cet homme m'a quittée il y a deux ans, et pourtant, ma colère et ma souffrance sont toujours aussi vives.

**Réponse :**

Vous avez raison de dire que cette colère est toxique pour vous. Si vous êtes toujours affectée par la colère et le ressentiment deux ans après la fin de votre relation, alors vous sentez peut-être que vous avez droit à votre colère et qu'elle est justifiée. Ainsi, vous vous accrochez à ces sentiments jusqu'à ce que l'univers se montre à la hauteur de votre besoin de justice.

Il serait sans doute sage de prendre conscience que votre colère, votre amertume et le sentiment d'avoir été maltraitée ne sont en fait que la manifestation d'une infime partie de vous. C'est votre ego qui veut être traité avec respect et s'accrocher à cette colère toxique, même si cela ne fait que vous blesser. Votre véritable Moi est immense, illimité et éternel. Votre essence voit ce besoin d'entretenir votre colère comme une forme de nombrilisme inutile. Votre véritable Moi n'est pas blessé ou insulté par le comportement des gens, et il ne se soucie pas d'avoir été maltraité ou pas. Le Moi sait qui il est et il ne compte pas sur quelque chose d'extérieur pour se sentir complet et satisfait. Il sait qu'il n'a pas besoin que des supposées injustices soient corrigées pour qu'il se sente bien. Plus vous pourrez vous aligner sur cette sagesse intérieure et vous défaire de votre attachement à l'enfant blessé en vous, plus vite vous serez libérée de cette colère persistante.

*

* *

## AUCUN SOUTIEN

**Question :**

Il y a environ six mois, j'ai été profondément blessée par la trahison d'un ami qui n'a pas voulu me soutenir ou m'aider, alors que j'étais accusée d'un acte que je n'avais pas commis. Je me suis confiée à cet ami et je lui ai dit la vérité à propos de la situation. Cela fait 17 ans qu'il me connaît et, même si je lui ai dit la vérité, il a choisi de se croiser les bras et de me laisser me débattre seule pour me faire innocenter. J'ai été innocentée et j'ai reçu une lettre d'excuses de la part du coupable.

Maintenant, je ne désire plus poursuivre mon amitié avec cet homme. Pour moi, l'amitié signifie pouvoir épauler un ami quand des problèmes surgissent, s'engager auprès de lui, lui faire confiance et lui être fidèle. Mais il m'a répondu qu'il n'avait pas de temps à perdre et qu'il ne voulait pas prendre parti dans cette affaire. Pourtant, je l'ai souvent aidé quand il en avait besoin et qu'il me le demandait. Pour ma part, je lui ai demandé de J'aide une seule fois et il n'a rien fait. D'ailleurs, j'ai eu l'impression qu'il était indifférent à ma souffrance et que ma situation était en quelque sorte un spectacle pour lui. Il a laissé quelques mois s'écouler, puis il m'a téléphoné pour m'inviter à une fête donnée en son honneur. Il n'a même pas fait référence à ce qui s'était passé.

Je lui ai exprimé ce que je ressentais, puis, j'ai mis fin à notre amitié. Je ne veux pas que cet homme me laisse tomber de nouveau (même si cette accusation a été le pire cas, ce n'était pas la première fois). J'ai l'impression que si je conservais cette amitié, je risquerais d'être de nouveau blessée dans l'avenir.

Mon problème est que des amis communs m'encouragent à faire la paix avec lui, à passer l'éponge, etc. Je trouve que j'ai très bien réussi à surmonter cette épreuve, et je fréquente maintenant des amis plus positifs auprès de qui je peux trouver l'engagement et le soutien dont j'ai besoin. Je n'ai pas l'impression d'être impitoyable, seulement, je refuse de remonter dans la même arène où je pourrais de nouveau être envoyée au tapis. Suis-je impitoyable ou n'est-ce pas un signe d'affirmation et d'amour de soi que de décider de mettre fin à cette amitié ?

**Réponse :**

On dirait que vous interprétez son manque de soutien, au moment où vous en aviez le plus besoin, comme une façon de dire qu'il ne croyait pas en votre innocence, même après lui avoir expliqué les choses. Je pense que c'est pour cette raison que vous croyez qu'il vous « a laissée tomber ». Ce n'est pas un signe d'affirmation ou d'amour de soi que de mettre fin à une amitié de 17 ans simplement parce que vous avez dû traverser une épreuve sans son soutien. Voyez si vous pouvez en discuter avec lui. Expliquez-lui ce que vous avez ressenti et demandez-lui des précisions sur la manière dont il a vécu cette expérience. À partir de là, vous pourrez décider si vous voulez mettre fin à cette amitié ou pas. D'une manière ou d'une autre, gardez à l'esprit que si vos amitiés sont conditionnelles à ce que vos amis prennent systématiquement votre défense lors d'une épreuve, vous risquez d'être profondément déçue.

*

* *

## DIFFICULTÉ À TOURNER LA PAGE

**Question :**

J'ai beaucoup de difficulté à tourner la page et à oublier le dernier homme que j'ai fréquenté. J'ai le cœur lourd et je ressens beaucoup de chagrin ; il m'arrive souvent d'être trop émotive et de pleurer cette perte, même si beaucoup de temps s'est écoulé depuis notre dernière rencontre (plus de six mois). Nous ne nous sommes pas vus très souvent, mais nous avons beaucoup communiqué ensemble pendant un an. Je crois que je suis hypersensible et que je m'attache émotionnellement aux hommes que je rencontre, même après quelques sorties. Je ne cesse de penser à « ce que nous aurions pu vivre ensemble » et j'essaie de rester positive, mais je trouve de plus en plus difficile de tirer une leçon positive de cette relation plutôt que de m'appesantir sur la perte. À présent, je crains plus que jamais de fréquenter d'autres hommes et de m'abandonner dans une nouvelle relation, car j'ai peur d'être blessée ou rejetée. Que me conseillez-vous pour tourner la page, rester ouverte à l'amour et me libérer de cette énergie négative ?

**Réponse :**

Ce qui me frappe dans votre lettre est que cette relation n'était pas suffisamment développée pour que vous soyez affligée par cette perte. Votre attachement au passé n'est pas basé sur des souvenirs, mais plutôt sur des attentes. Il ne s'agit donc pas de guérir de votre passé, mais plutôt d'apprendre à rester dans le présent. Ne pensez pas à tirer une leçon de cette relation. Concentrez-vous plutôt sur la leçon que le moment présent pourrait vous apporter. Chaque fois que vous pensez à ce que vous auriez pu vivre ensemble, ou que vous souffrez d'une perte, vous êtes dans le passé. Et si vous craignez d'être rejetée, vous êtes alors dans le futur. Si vous vous concentrez sur le moment présent, vous ne serez pas affligée par le passé et vous n'aurez pas peur d'être blessée dans l'avenir. C'est ainsi que vous resterez ouverte à l'amour.

*

* *

## APPRENDRE À S'AIMER

**Question :**

J'ai récemment vécu une rupture pénible avec une femme que je croyais être l'amour de ma vie. Sa meilleure amie et conseillère m'avait dit que j'étais l'homme qu'elle avait attendu toute sa vie. Je lui ai démontré plus d'amour que n'importe qui d'autre. Mais elle souffre de nombreux problèmes émotionnels, car elle a été maltraitée par son père et par son deuxième mari, qui n'a d'ailleurs jamais été affectueux avec elle. Si bien qu'en retour, elle n'a jamais pu exprimer son amour à mon égard. De plus, elle tente toujours de regagner l'amour de son ex-mari. Je l'aime encore beaucoup, mais je sais que ce n'était pas une bonne relation pour moi ; c'est pourquoi je devais y mettre fin. À présent, je dois reprendre le cours de ma vie et me sentir mieux avec moi-même. La semaine dernière, un conseiller m'a demandé si je m'aimais. J'ai répondu par la négative. J'ai besoin de savoir comment transformer ma vie afin que je puisse aller de l'avant et apprendre à m'aimer. Je sais qu'il faut du temps pour guérir d'une dépression et d'une blessure. J'aimerais de nouveau sourire et apprécier la vie.

**Réponse :**

Vous sourirez et rirez de nouveau, mais quand la blessure due à la fin d'une relation significative est encore à vif, il est difficile d'imaginer que vous serez de nouveau heureux.

Apprendre à vous aimer est un projet multidimensionnel. La méditation constitue une bonne base pour commencer, car pour vous aimer, vous devez connaître votre véritable Moi. Connaître votre Moi supérieur, c'est l'aimer, car votre véritable Moi est amour.

À un niveau plus concret, il est important de pratiquer des activités qui renforceront vos sentiments de bien-être et de capacité à être aimé. Faites les choses dans lesquelles vous excellez et qui vous apportent une satisfaction personnelle.

Un autre élément essentiel pour apprendre à vous aimer est de vous efforcer à être dans le moment présent et d'accepter ce que vous vivez actuellement. Essayez de devenir plus conscient de vos émotions et de ce que vous ressentez dans votre corps. Penchez-vous sur ces sentiments en étant conscient que peu importe ce qu'ils sont, il n'y a rien de mal à les ressentir. C'est comme si vous vous étreigniez tendrement et que vous vous souteniez. Cela aide à métaboliser vos expériences actuelles et facilite la guérison d'un vieux traumatisme émotionnel. Cela élimine aussi votre dépendance aux autres pour trouver du soutien émotionnel et de la sécurité. Au lieu de chercher à l'extérieur de vous pour trouver des solutions, ou de vous blâmer pour les émotions que vous ressentez, vous apprenez à vous en remettre à votre véritable Moi. Vous affirmez ainsi que vous êtes l'auteur de votre propre vie, votre propre amour et votre propre sagesse. Voilà votre véritable Moi.

*

* *

## GUÉRIR

**Question :**

Il y a quelques années, j'ai rencontré une femme merveilleuse et nous avons entamé une relation formidable, qui s'est ensuite envenimée. J'en ai été démoli et je me suis mis à ressentir de la peur, de l'anxiété, du doute, etc. La relation n'a pas fonctionné. Cela fait donc quelques années que j'ai sombré et que je souffre d'anxiété, de faible estime de soi, de manque de confiance en moi, etc. Je ne suis plus le même homme. Les expériences que je vis ne sont plus comme avant.

Je suis maintenant rendu à un pont que je dois traverser, et que je désire traverser plus que tout. Je comprends les choix qui ont mené à l'échec de ma relation et à ce que j'ai vécu par la suite. À présent, je sens que je suis prêt à me libérer du passé et à retrouver mon véritable Moi – retrouver la joie de vivre, mon amour-propre, la confiance en moi, etc. Mon problème actuel est que j'ai l'impression d'avoir étouffé beaucoup de sentiments. Des sentiments de tristesse, de regret, de chagrin, de colère et d'amour. Je ressens cela, parce qu'en raison de l'intensité de mes sentiments et de mes expériences passées, j'ai eu peur de mes émotions. Je crois que traverser ce pont vers la liberté sera une expérience forte en émotions, mais libératrice. Je vis dans l'incertitude depuis un long moment et j'ai perdu beaucoup trop de temps. Je ne veux plus gaspiller un jour de plus. Je sais qu'il y a tant de choses qui m'attendent de l'autre côté du pont, et je me sens si près du but, mais plus je me rapproche, plus je deviens anxieux. C'est vraiment éprouvant. Dernièrement, il m'est arrivé à quelques reprises d'aller m'asseoir dans un parc avec un ami et de bavarder avec lui. Je lui ai parlé un peu de mon expérience et je ressens alors les émotions qu'elle suscite en moi. Je reconnais de nouveau mon véritable Moi et mes yeux s'emplissent de larmes. Je ressens ce que je dis. C'est merveilleux sur le coup et mon anxiété disparaît alors. Mon esprit est clair et ma peur s'évanouit. Mais quand je me retiens, mon anxiété et ma peur reviennent à la surface.

Cela s'est produit trop souvent, et je veux mettre fin à ce cercle vicieux.

**Réponse :**

Il est tout à fait compréhensible que vous vouliez mettre fin à ce cercle vicieux. Cependant, la nature même du processus de guérison est qu'on ne peut pas le précipiter ou le forcer à se terminer, sans interférer avec la guérison en tant que telle. La bonne nouvelle est que vous acceptez consciemment vos émotions et que vous ne les étouffez plus. Vous faites donc exactement ce qu'il faut faire. Votre enthousiasme pour reprendre le cours de votre vie est un immense atout pour faire face aux émotions que vous essayez de guérir. Le fait de parler à un ami de vos sentiments, de vous sentir mieux et de pleurer, montre que la guérison progresse sainement. Vous n'avez pas à vous blâmer pour avoir gaspillé du temps dans le passé. Ce qui importe, c'est que vous repreniez maintenant votre vie en main, et si votre expérience passée est ce qui a été nécessaire pour vous faire cheminer jusqu'ici, alors c'était une bénédiction.

Ne vous découragez pas si vous ressentez encore vos vieilles émotions. Rappelez-vous que plus vous êtes conscient du processus de guérison, plus vous êtes près de vous libérer de votre anxiété et de votre peur.

*

* *

## REPRENDRE LE COURS DE SA VIE

**Question :**

J'ai quitté mon mari après 25 ans de mariage. Mon mari était un alcoolique et un maniaco-dépressif. Je veux aller de l'avant dans la vie et devenir indépendante financièrement, mais je me sens encore « bloquée ». Comment puis-je aller de l'avant ?

**Réponse :**

Le fait de vous sentir bloquée signifie qu'une partie de vous a peur d'aller de l'avant. Vous avez peut-être peur d'être seule, peur de ne pas pouvoir réussir, ou même peur de réussir et de ne pas aimer cela. Vous devriez parler à quelqu'un qui peut vous aider à découvrir quels sont ces blocages et comment y faire face. Vous avez déjà fait le plus grand pas en quittant une relation qui n'avait plus sa raison d'être et en prenant en main votre propre vie. Vous devez maintenant appliquer le même courage pour guérir les peurs qui sont enfouies en vous.

*

* *

## À PROPOS DE LA SOLITUDE

**Question :**

Il y a presque deux ans, j'ai vécu une rupture difficile. Aujourd'hui, mon ex-mari est heureux et fiancé à une autre femme. Même si j'ai essayé de sortir et que j'ai fait toutes les démarches concrètes pour rencontrer quelqu'un de spécial, je n'ai toujours pas trouvé mon partenaire de vie. À force de voir mes amies proches se fiancer et se marier, je suis extrêmement découragée, triste, déprimée et très seule. Je fais de mon mieux pour mener une vie spirituelle. Je médite tous les jours et j'essaie de respecter les lois spirituelles telles que vous les avez soulignées. Au lieu de faire confiance à l'univers, je suis devenue très cynique et je suis de plus en plus perplexe et frustrée à l'effet que je n'ai pas encore rencontré la bonne personne. Je suis bien consciente que la réponse à ma requête pourrait être que ce n'est pas le bon moment, ou que je dois user de patience. J'en suis cependant à un point où un tel conseil ne peut que me frustrer davantage, car je crois que j'ai été très patiente et confiante pendant longtemps. Même après avoir vécu une rupture très douloureuse et avoir fait une thérapie, je continue de croire que tout cela est arrivé pour une raison. Je ne veux pas perdre ma foi en Dieu et en l'univers.

**Réponse :**

Essayer d'avoir confiance, d'user de patience et d'aspirer à une vie spirituelle n'est pas la même chose que d'être simplement confiante, patiente et spirituelle. Vous ne pouvez pas tromper votre nature intérieure. Si, au fond de vous, vous êtes frustrée, amère et impatiente et si vous n'acceptez pas votre situation actuelle, ce sera alors le message que vous lancerez à l'univers. En conséquence, ce qui se répercutera dans votre vie sera l'impatience, le cynisme et la dépression. Si ce dont vous avez besoin maintenant, c'est d'apprendre à vous sentir complète et comblée au fond de vous-même, indépendamment d'une relation avec un homme, alors tous vos efforts pour établir une nouvelle relation continueront de vous frustrer et de vous décourager. Je crois que tout semble indiquer qu'être dans une relation n'est pas la meilleure chose pour vous en ce moment. C'est peut-être un cliché de dire que vous devez d'abord apprendre à être heureuse et comblée avant de pouvoir trouver un bonheur réel et de vous accomplir dans une relation, mais c'est vrai. Il y a toujours une sagesse sous-jacente à la situation que vous vivez présentement, et plus tôt vous découvrirez la perfection du moment présent et la direction qu'il vous indique, plus votre vie sera heureuse et productive. Mais si vous continuez de résister à cette sagesse du moment présent et que vous forcez votre besoin impérieux d'être dans une relation, vous continuerez alors d'obtenir les mêmes résultats que vous avez obtenus jusqu'ici.

# LA FAMILLE

## PRENDRE LES CHOSES PERSONNELLEMENT

**Question :**

Je suis plutôt bonne pour ne pas prendre les choses personnellement. Cependant, j'ai de la difficulté à le faire quand quelqu'un dit une chose négative ou irrespectueuse envers un membre de ma famille ou un ami proche. Je suis aussitôt sur la défensive. Que devrais-je faire ?

**Réponse :**

Les personnes qui sont proches de leur famille ont tendance à s'identifier encore plus à celle-ci. Cela peut les rendre plus sensibles ou sur la défensive face à ce qu'elles perçoivent comme une menace ou un manque de respect envers leur famille, si bien qu'elles n'ont plus le recul nécessaire. Cependant, ce genre d'attachement est également une variante de votre ego. Nous nous identifions encore à notre famille, à notre tribu, à notre nation, à notre religion, etc. Lorsque nous ne ressentons vraiment plus le besoin de nous défendre face à la négativité ou au manque de respect, c'est que nous ne nous identifions plus à cet aspect de nous qui est attaqué. Nous nous voyons comme le témoin silencieux qui n'est pas affecté par une blessure ou une menace. Ainsi, pour mettre fin à notre attitude défensive à propos de notre famille ou de tout autre attachement lié à l'ego, nous devons trouver ce témoin silencieux qui est au-delà de toute identification personnelle. Nous connaîtrons alors notre véritable Moi et nous saurons que ce qui est vrai ne peut jamais être meurtri, et n'a donc pas besoin de défense.

*

* *

## SURMONTER SA PEUR

**Question :**

Je souhaite déménager dans un pays étranger et fonder un foyer. Je suis un Américain d'âge mûr, cependant j'ai de nombreuses peurs et je vais être loin de ma famille.

Comment puis-je prendre une décision qui n'est pas basée sur la peur, mais sur mon bon jugement et l'accomplissement de mes désirs ?

**Réponse :**

D'abord, vous devriez clarifier exactement pourquoi vous sentez le besoin de déménager dans un pays étranger, et pourquoi cela vaut la peine de quitter votre famille et quelle est la peur associée à ce déménagement. Le fait de savoir pourquoi ce départ est important vous aidera à faire les démarches nécessaires. Vous pourriez aussi découvrir que ce désir de partir n'est pas aussi important pour vous que d'être proche de votre famille. L'idée est de clarifier la raison de ce désir et de baser votre décision sur cela plutôt que de laisser la peur vous influencer.

*
* *

## UNE PERSONNE INQUIÈTE

**Question :**

Comment ne pas s'inquiéter à propos de ceux qu'on aime ? Cette période de l'année est riche en rencontres familiales et amicales, et s'il y a beaucoup de moments heureux, je ne peux pas m'empêcher de m'inquiéter de la santé, des relations ou de la situation financière de ma sœur, de ma mère, de mon beau-père et d'autres personnes. Je sais que m'inquiéter ne résout rien, mais je ne peux pas m'en empêcher. Avez-vous des conseils ?

**Réponse :**

Quand vous vous inquiétez pour des adultes que vous avez essayé d'aider du mieux que vous pouviez, cela signifie que même si vous les aimez, vous présumez que quelque chose ne va pas dans leur vie. Si vous vous inquiétez dans ces circonstances, c'est que vous n'avez pas confiance que l'intelligence cosmique de l'univers apportera à vos proches exactement ce dont ils ont besoin au moment approprié. Votre inquiétude suppose que si quelque chose de désagréable ou de difficile arrive à votre beau-père, par exemple, alors ce sera nécessairement négatif et c'est un signe que quelque chose ne va pas. En fait, les plus grandes joies, découvertes et forces résultent souvent de la capacité à composer avec les défis auxquels la vie nous confronte.

Alors, la prochaine fois que vous vous inquiéterez, examinez ce qui justifie votre appréhension – c'est-à-dire que vous savez mieux que leur Moi supérieur quelles expériences de vie ils doivent connaître présentement. C'est vrai pour le parent d'un jeune enfant, mais ce n'est pas votre situation. Même si vous ne pouvez avoir confiance que leur vie est guidée par une intelligence supérieure à la vôtre, reconnaissez au moins que vous ne savez pas vraiment quelles expériences de vie conviennent le mieux à leur évolution spirituelle, et qu'il n'y a donc aucune raison de vous inquiéter qu'ils connaîtront de mauvaises expériences. Sachez que votre amour est un bienfait assuré dans leur vie, alors envoyez-leur beaucoup d'amour plutôt que de l'inquiétude.

*

* *

## MON JEUNE FRÈRE

**Question :**

Il y a deux ans, on m'a diagnostiqué une tumeur maligne au cerveau de stade 3. Après des mois d'un cheminement éclairé, je suis heureusement en pleine rémission, ayant adhéré à la sagesse trouvée dans un grand nombre de vos merveilleux livres, notamment *Le corps quantique* et *Le livre des coïncidences*. J'ai beaucoup lu sur le sujet et je me suis intéressé aux théories des cordes et des super-cordes, ainsi qu'à la théorie M, qui est devenue une « théorie des cordes personnalisée ». Celle-ci suggère qu'en retrouvant l'harmonie de l'âme, les cellules du corps convieraient à la santé et à la guérison. Rien de neuf là-dedans, mais comme j'ai personnellement fait l'expérience du pouvoir d'un guérisseur, je suis convaincu de l'existence d'un monde invisible et plus vaste autour de nous. Je crois que j'ai retrouvé mon équilibre et que ma guérison est la récompense que j'ai reçue quand je l'ai demandée.

Malheureusement, mon jeune frère s'est senti tellement triste et impuissant face à ma maladie qu'il a redirigé sa colère et son chagrin sur moi et sur mes parents. C'est un homme bon, mais une enfance difficile a durci son cœur face à l'amour, le cadeau le plus glorieux offert à l'homme par Dieu. À présent, je crains qu'il agisse dominé par son ego et ses peurs et qu'il coupe tout lien avec moi, mon épouse, notre famille et finalement avec tous ceux qui l'aiment tendrement, mais qui sont incapables d'atteindre son cœur pour exprimer leur amour et l'aider durant cette période difficile. Il semble me jeter le blâme pour avoir été malade, et même s'il reconnaît qu'il est possible que sa mauvaise foi fasse du mal à d'autres, je ne sais plus comment l'atteindre sans le provoquer davantage. Je crains qu'il disparaisse intentionnellement de nos vies. Je sais que tout le monde doit suivre sa propre voie, et que c'est peut-être la sienne, alors y a-t-il une façon pour éveiller l'amour en lui afin que, même s'il décide de faire sa vie sans nous, il sache au moins que l'amour existe ?

J'ai également une théorie insensée que mon cancer m'a été transféré par mon frère afin que je puisse le sauver et entreprendre mon propre cheminement. J'ai souvent dit que nous étions les deux côtés d'une même médaille – lui étant le côté sombre – et je suis curieux de savoir si dans le cadre de votre vaste expérience, vous avez déjà rencontré un cas semblable. Mon pauvre frère est tellement dominé par la rage que je peux seulement prier pour qu'aucune autre maladie ne puisse nous affecter lui et moi. Mais en ce moment, je me sens contraint de m'éloigner de lui pour mon propre bien.

**Réponse :**

Vous vous êtes pleinement rétabli de votre maladie et je vous souhaite de demeurer en bonne santé. On dirait que votre frère ressent présentement le besoin de s'éloigner de sa famille, et vous avez également dit à la fin de votre lettre que vous vous sentez contraint de vous éloigner de lui pour votre propre bien. Il n'y a rien de mal à cela. Parfois, ce genre de circonstances est nécessaire pour favoriser la guérison, même si cela ne correspond pas à l'image d'une famille heureuse et unie que nous souhaiterions avoir. Vous avez exprimé votre amour et votre soutien à son égard, peu importe où son cheminement le conduira, et cela suffit. Vous ne pouvez pas le libérer de sa colère, de sa peur et de sa mauvaise foi, et c'est ainsi que les choses doivent se passer. Essayer de régler ses problèmes fait partie de l'évolution de votre frère, et il sait instinctivement qu'il en a besoin jusqu'à ce que le processus soit terminé. Il vous en voudra si vous ou quelqu'un d'autre interférez en essayant de résoudre ses « problèmes » avant qu'il se sente prêt à y faire face, à sa façon. Bien entendu, c'est plus facile quand un membre de la famille admet qu'il a besoin d'aide et qu'il la demande, mais quand il nie la chose et qu'il vous repousse, il est alors important que vous compreniez le message et que vous lui laissiez tout l'espace d'amour dont il a besoin.

*
* *

## DES PARENTS INSENSÉS

**Question :**

J'ai entendu dire que nos amis sont la façon que Dieu utilise pour s'excuser de certains membres de notre famille. Dans mon cas, rien ne saurait être plus vrai.

Cet automne, je vais entrer à l'université et quitter la maison familiale. Pour une raison que j'ignore, cette transition ne s'effectue pas très facilement, du moins pour mes parents. Depuis quelque temps, il est impossible d'avoir une simple conversation sans que quelqu'un se fâche et crie, et cela finit toujours par des larmes. Mes parents sont constamment à cran et ils se fâchent même quand je sors de la maison pour aller faire des courses. Nous nous disputons à propos de tout et de rien. Ma mère m'a lancé mon téléphone portable au visage, alors que je rentrais à la maison parce que j'avais oublié de l'appeler. Ils n'agissaient pas ainsi dans le passé. Je crois vraiment que la cause réelle de ces confrontations (cela dure depuis quelques mois et ça ne fait qu'empirer) est qu'ils sont contrariés que je déménage. Je suis la plus jeune de la famille, et je comprends que mon départ suscite en eux une vague d'émotions, mais leurs agissements ont grandement miné notre relation. Ils m'avaient déjà dit qu'ils voulaient que j'aille à l'université tout en vivant chez moi, mais j'ai reçu une bourse qui paie mes frais de scolarité et j'ai choisi (contre leur volonté) d'utiliser l'argent que j'ai épargné pour aller vivre ailleurs.

Je me rappelle que quand mon frère a quitté la maison il y a quelques années, il s'est passé exactement la même chose, sauf que maintenant, on dirait que c'est pire. Lors du départ de mon frère, les esprits se sont échauffés et ils ont eu une grosse dispute, si bien que mon frère est parti en claquant la porte. Nous n'avons pas eu de ses nouvelles pendant des mois. Mes parents voulaient qu'il fréquente l'université de la région et qu'il reste à la maison, et il n'a pas pu quitter avant l'âge de 22 ans. Encore aujourd'hui, deux ans plus tard, sa relation avec eux est toujours houleuse et cela semble être dû à cette confrontation. Je suis déterminée à ce qu'il ne se passe pas la même chose avec moi. J'aime beaucoup mes parents et j'ai toujours été proche d'eux. Mais dernièrement, ils ont tellement essayé de me retenir que je ne me suis jamais sentie aussi éloignée d'eux. Avant, nous étions capables de communiquer.

Chaque fois que j'essaie d'en discuter avec eux, ils ont deux réactions opposées : ou ils se fâchent et disent qu'ils ne veulent pas en parler, ou bien ils me disent que cela ne les dérange pas du tout que je parte. Pour moi, cette dernière réponse est de toute évidence insensée. Dernièrement, lors de rares occasions où tout était calme entre nous, ils m'ont rappelé que « quand tu vas partir d'ici, tu ne pourras plus faire telle ou telle chose avec nous à la maison ». On dirait qu'ils essaient de me faire sentir coupable. Ils agissent comme si j'allais mourir ou quelque chose du genre !

Que puis-je faire pour améliorer ma relation avec ces personnes qui sont en train de devenir des étrangers pour moi ? Jusqu'à ces derniers mois, ils ont toujours agi de manière sensée ! Je ne sais plus comment communiquer avec eux, et je ne veux pas en venir à cesser de leur parler, mais je ne sais pas comment je vais faire pour gérer cette situation pendant encore sept semaines. Entrer à l'université est une expérience excitante et un peu effrayante pour moi et j'aimerais avoir leur soutien durant ce moment. Que puis-je faire pour les aider (et m'aider) ?

**Réponse :**

Vos parents ont sûrement de la difficulté à composer avec cette transition, mais ils ne sont pas insensés. Ils vous aiment beaucoup, mais ils ne savent pas comment exprimer leur amour sous forme de soutien inconditionnel face à votre décision de quitter la maison pour aller étudier. Même s'ils sont présentement incapables d'en discuter rationnellement, il semble que c'est à vous de faire preuve de maturité et d'inviter chacun à exprimer ses préoccupations.

Dites-leur que vous savez que ce sera difficile pour vous d'être loin de la maison, mais que vous sentez que vous sortirez grandie de cette expérience, au bout du compte. Expliquez-leur pourquoi il est important pour vous de fréquenter l'université que vous avez choisie. Dites-leur que vous les aimez beaucoup et que vous les aimerez toujours, et que le fait de quitter la maison n'affectera pas cet amour. Votre relation avec vos parents est en train de changer à mesure que vous devenez une jeune adulte. Et pour que cette relation grandisse, vous avez besoin de vous sentir soutenue dans vos décisions d'adulte. Rassurez-les que leurs conseils sont importants à vos yeux, mais que vous comprenez aussi leurs préoccupations. Expliquez-leur pourquoi vous êtes prête pour ce changement, ainsi que les défis auxquels vous serez confrontée, et de quelle façon vous avez encore besoin de leur soutien. Si c'est possible, exprimez-leur votre vision d'une relation étroite et significative que vous souhaitez avoir avec eux, même si vous quittez la maison et que vous les verrez moins souvent. Il s'agit d'une vision tout à fait à l'opposé de ce qui est arrivé entre votre frère et vos parents, et ceci pourrait les inciter à lâcher prise et à accepter le changement plutôt que de le combattre.

*

* *

## LE DÉTACHEMENT

**Question :**

Quand un membre d'une famille éprouve un grave problème qu'il ne peut pas résoudre, comment est-ce possible de rester détaché sans essayer d'aider cette personne à résoudre son problème ? Comment doit-on se comporter dans pareille situation ?

**Réponse :**

Lorsque vous demandez comment rester détaché en n'essayant pas d'aider quelqu'un à résoudre son problème, je présume que vous voulez dire comment aider sans vous mêler du problème et vous attendre à ce que la personne change. Parfois, ce besoin d'intervenir sous-entend l'idée qu'il y a quelque chose à « réparer » chez cette personne. Pour aider activement un membre de la famille, il doit d'abord reconnaître qu'il a un problème. Puis, il doit vouloir de votre aide. Jusque-là, vous n'avez pas à vous sentir obligé de le priver de votre amour. En fait, tout ce que vous pouvez lui offrir à ce moment-ci, c'est de l'amour inconditionnel.

*
* *

## DÉMÉNAGER PRÈS DE MA MÈRE

**Question :**

Je ressens un mélange de tristesse, de colère et de compassion envers ma mère. J'habite loin de chez elle, mais je songe à revenir vivre dans ma ville natale pour être près d'elle. Toutefois, en habitant loin de ma mère, cela me permet d'avoir une certaine objectivité et compassion envers elle. Mais quand je suis en sa présence, toute mon enfance me revient, si bien que je perds toute objectivité et j'ai l'impression que je pourrais exploser de colère. Une des choses qui m'énervent au plus haut point chez elle, c'est son incapacité à gérer ses finances. Elle vit au-dessus de ses moyens en partie, je crois, pour bien paraître aux yeux des autres. Même si son manque d'estime de soi m'attriste, je suis irritée par le fait que j'ai dû l'aider financièrement à quelques occasions, et je crains que la situation ne se détériore avec le temps. J'ai toujours vécu modestement et je ne suis pas très riche, j'ai donc du mal à être en paix avec cette situation. De plus, je ne suis pas certaine que ce soit une bonne idée de vivre près d'elle. J'ai peur qu'en vivant près d'elle, je ne sois pas capable de composer avec les émotions que je ressens en sa présence et qui sont très intenses. J'apprécierais vos sages conseils à propos de ce sujet.

**Réponse :**

Vous semblez être très consciente des inconvénients potentiels au fait de retourner vivre dans votre ville natale pour être près de votre mère. Vous n'avez pas mentionné son âge, son état de santé, s'il y a un autre membre de la famille qui est aussi impliqué, ou s'il y a d'autres raisons pour lesquelles vous envisagez de déménager. Mais je crois comprendre que votre mère est en bonne santé et que votre raison principale de déménager est de resserrer les liens familiaux et de mieux répondre à ses besoins.

Je comprends votre préoccupation à propos de ses finances, mais cela ne changera pas que vous soyez près d'elle ou pas. Ce déménagement est peut-être une occasion de guérir votre relation et de surmonter la colère qui a caractérisé vos rapports avec elle dans le passé. Il n'y a que vous qui puissiez savoir si vous êtes prête pour cela maintenant. Examinez s'il est possible que votre colère ait été déclenchée par votre mère pendant toutes ces années, mais sans qu'elle en soit la source. Si vous pouvez trouver la source de votre colère et y faire face, sans jeter le blâme sur votre mère, alors ce déménagement pourrait s'avérer bénéfique. Cependant, si vous constatez que vous n'êtes pas encore prête à ressentir cela en toute honnêteté, alors je crois qu'il est préférable de retarder votre déménagement pour le moment.

*

*   *

## RÉTABLIR MA RELATION AVEC MA MÈRE

**Question :**

Sur quoi dois-je concentrer mon attention afin de passer l'éponge sur mon expérience extrêmement négative avec ma mère et développer une vraie relation avec elle sans être manipulée ou blessée ?

**Réponse :**

Concentrez-vous sur votre intention de pardonner consciemment. Mais vous devez d'abord vous pardonner. Pour cela, vous devez reconnaître et accepter la partie de vous qui a joué le rôle opposé dans votre expérience négative avec votre mère. En vous pardonnant, vous reconnaissez que vous avez fait du mieux que vous pouviez à ce moment-là. Reconnaissez que la partie de vous qui se sent blessée ou manipulée n'est pas votre véritable Moi ; ce n'est qu'un rôle que vous jouiez. Ce n'est pas vraiment qui vous êtes. À partir de là, vous pouvez également offrir votre pardon à votre mère. En pardonnant et en intégrant l'énergie de ressentiment et de colère qu'il y avait entre vous deux, vous pourrez alors transformer cette énergie en amour, en respect et en générosité.

*

* *

## ABANDONNER OU PERSISTER

**Question :**

J'ai écrit une lettre très négative à mon frère. J'étais en colère. Je l'ai accusé d'avoir gâché ma relation avec ma mère. Je crois encore que mes accusations sont fondées. Je n'ai pas cessé d'y penser. Cela me lasse et me contrarie de constater que ma volonté et mes désirs ne sont pas souvent alignés sur ce que Dieu a planifié pour moi. Comment savoir avec certitude si je dois abandonner un rêve ou un espoir ou lâcher prise, ou si je dois persister et ne pas abandonner ? J'ai essayé de faire du yoga et de la méditation, mais je n'arrive pas à trouver la paix. Je ressens plutôt des remords et du regret. Je crois que j'aurais dû écrire à mon frère avec plus de diplomatie. Malheureusement, j'ai l'impression d'avoir empiré les choses ! Que devrais-je faire ?

**Réponse :**

La chose la plus simple à faire est de saisir le téléphone et de vous excuser. Dites-lui que les mots que vous avez utilisés dans votre lettre étaient alimentés par la colère et le blâme. Ensuite, vous devez comprendre que personne, y compris votre frère, ne peut gâcher votre relation avec votre mère. Seule vous pouvez le faire. Dites à votre frère que vous en assumez la responsabilité maintenant. Puis, demandez-lui pardon.

En ce qui concerne votre question à propos d'abandonner ou de persister, je ne crois pas que vous ayez une vision claire de vos options. L'abandon spirituel n'est pas une résignation passive. Il ne s'agit pas de vous abandonner à la vie. Il s'agit plutôt de ne pas laisser votre ego en faire à sa tête et de permettre à votre âme de s'exprimer pleinement par l'action, la créativité et l'inspiration. En fait, l'abandon spirituel exige plus de force, d'amour, de courage et d'honnêteté que ce que l'ego perçoit, car cela mène à la justice, au respect et à la reconnaissance.

*

* *

## LE COMPORTEMENT DE MA BELLE-MÈRE

**Question :**

Comment puis-je composer avec une belle-mère passive-agressive ? Jusqu'ici, je ne lui ai pas tenu tête, mais je suis près de le faire. Elle a outrepassé les limites dans bien des domaines. Mon mari l'a confrontée à propos de son comportement, mais elle continue de faire des commentaires méprisants chaque fois que nous la voyons, et elle le fait toujours avec un petit sourire en coin. Elle a aussi le même comportement avec mes parents. Je sais qu'elle n'a jamais approuvé que mon mari et moi nous mariions après seulement neuf mois. (Cela dit, nous sommes des adultes de plus de 35 ans.)

Nous avons maintenant un enfant d'un an, et mon mari a une fille de six ans de sa relation précédente qui vient nous visiter de temps à autre. Ma belle-mère fait preuve de favoritisme envers la fille de mon mari chaque fois qu'elle vient chez nous. D'ailleurs, elle accorde le même favoritisme envers son fils : pour elle, ce sont des êtres irréprochables. Récemment, elle a même dit à mon mari que sa fille était sa préférée. Mon mari et moi allons déménager en Californie, et quand elle l'a su, elle n'a manifesté aucun encouragement ni enthousiasme. Nous avons connu une année terrible sur le plan financier : nous avons perdu deux maisons, j'ai perdu mon emploi et mon mari s'est blessé au travail. Elle sait tout cela et elle n'a rien dit pour appuyer notre décision de déménager. C'est une femme étrange, mais ce sont ses commentaires méprisants qui me font le plus mal, ainsi que sa façon de me juger. J'aimerais la remettre à sa place et lui faire savoir que ses commentaires sont déplacés. Mon mari a deux autres frères dont les épouses ont également eu des problèmes avec elle. Cela a parfois vraiment affecté notre relation. J'en suis venue au point où je ne peux plus la supporter, et je déteste dire cela. J'ai déjà été mariée avant et j'avais une merveilleuse belle-mère qui ne causait pas de problèmes. Mais ma belle-mère actuelle est une personne antipathique et sa présence me donne de l'urticaire. Je n'ai jamais rencontré quelqu'un comme elle. Habituellement, mon mari me soutient, mais il m'a récemment dit que je devais mettre mon ego de côté. Cela m'a estomaquée et je suis maintenant plus fâchée que jamais. Je sais qu'elle sera toujours la mère de mon mari, mais comment puis-je être soutenue par mon mari et lui faire comprendre que lui et moi formons une famille maintenant ?

**Réponse :**

Je ne suis pas certain que ce soit un problème d'ego, mais je crois pouvoir dire sans erreur que vous ne serez jamais en paix avec cette situation si pour cela votre belle-mère doit changer et répondre à vos attentes. Elle est qui elle est, et cela ne risque pas de changer. De plus, vous n'avez aucune emprise sur elle. Vous pouvez cependant choisir comment réagir à son comportement.

C'est à vous de trouver une façon de maintenir un équilibre et une harmonie intérieure peu importe ce qu'elle dit ou fait.

Pendant que votre mari et vous devez relever le défi de créer une famille, alors que vous êtes confrontés à des problèmes financiers, il est naturel de chercher du soutien auprès de votre famille, mais si vous ne l'obtenez pas, ne vous inquiétez pas et aller de l'avant. La même chose s'applique aux commentaires méprisants de votre belle-mère et au favoritisme dont elle fait preuve envers l'enfant de six ans. Ce sont ses propres limites et cela ne vous sert à rien de vous rendre malheureuse en raison de son manque d'aptitudes sociales.

Entendez-vous avec votre mari, et expliquez ensemble à votre belle-mère, le plus gentiment possible, que vous êtes conscients de ses actes destructeurs qui sèment la division, et que vous les voyez pour ce qu'ils sont. Mais tant qu'elle continuera d'agir ainsi en prétendant le contraire, elle devra comprendre qu'en tant que mère, vous devez protéger le plus possible votre famille de ses agissements. Dites-lui que vous ne lui demandez pas de changer – elle peut dire et faire ce qu'elle veut –, mais que vous êtes responsable de votre famille et que si elle persiste à vouloir miner vos relations, alors vous veillerez à minimiser son influence sur votre famille.

En même temps que vous lui expliquez en ces termes simples ce qu'il en est, offrez-lui une option encourageante. Indiquez-lui quelle sorte d'influence positive vous aimeriez qu'elle ait sur votre famille. Donnez-lui un aperçu de ce que serait sa vie si elle était un membre de la famille dont la présence est souhaitée. Finalement, demandez-lui si ce genre de relation avec vous tous serait plus agréable et gratifiante pour elle personnellement que sa relation actuelle. Si elle est réceptive à l'idée de transformer positivement votre relation, alors demandez-lui comment votre mari et vous pouvez l'aider à progresser dans cette voie.

*
* *

## UNE PASSIVITÉ DYSFONCTIONNELLE

**Question :**

Je viens d'une famille où mes deux parents sont alcooliques. Je ne bois pas, mais je trouve que je suis très passif et que j'ai tendance à être facilement influencé (je veux plaire à tout prix aux autres). Ces deux dernières années, j'ai volontairement évité d'être dans une relation afin de cheminer spirituellement. J'ai l'impression que pour être altruiste, cela signifie souvent que je dois céder aux autres ou faire des compromis, et que je dois renoncer à ce que je veux. Cependant, il semble que je m'engage souvent à faire ce que je crois être la bonne chose, mais que plus tard, je constate que je n'ai pas la force de passer à l'action. Mes intentions sont bonnes, mais il semble que ça se retourne toujours contre moi.

Ma plus récente aventure implique que je vais peut-être épouser une femme de 15 ans plus jeune que moi, qui vient d'un autre pays, pour lui offrir une vie meilleure. Elle veut vraiment venir aux États-Unis. Je ne l'ai pas encore rencontrée, mais elle est la nièce d'un de mes professeurs de spiritualité, et je me suis en partie convaincu que cela n'a pas d'importance qui elle est ou ce qu'elle veut, mais que mes intentions sont bonnes et que je veux sincèrement aider. Je n'ai fait aucune promesse, mais il semble que sa famille est quelque peu désespérée en raison des conditions difficiles dans son pays natal. Et quand j'exprime que je veux procéder par étapes avant de m'engager, je reçois le message que « dans notre culture, il est important qu'une décision soit prise rapidement afin que la communauté puisse être avisée que cette jeune femme n'est plus disponible et que si jamais tu changes d'avis, cela va être dévastateur ». Je ressens de la pression de la part de mon professeur, mais je dois assumer mes responsabilités. Est-il possible d'aimer une personne et de s'engager envers elle avant de la rencontrer, ou est-ce que je me fais des illusions dans l'espoir de plaire à mon professeur de spiritualité et à la famille de cette femme ? Est-ce un autre signe de ma passivité dysfonctionnelle qui refait surface ? Est-ce que l'amour implique plus concrètement que nous rencontrons une personne qui partage nos intérêts et qui a le même mode de vie et les mêmes buts spirituels que nous ?

**Réponse :**

Il semble que votre passivité et votre besoin de plaire pourraient vous faire prendre une décision capitale sans avoir effectué une évaluation appropriée. Vous ne devez pas vous marier pour faire une faveur à quelqu'un, peu importe combien vous l'aimez ou l'admirez. Le mariage est basé sur l'amour entre deux âmes qui s'aident à découvrir leur divinité. Si vous désirez sincèrement une partenaire en guise d'épouse et que vous avez l'impression que cette femme pourrait être la bonne, alors prenez le temps de la connaître et vice versa. Si la situation familiale de cette jeune femme est si désespérée que vous devez vous marier rapidement, alors vous saurez qu'elle n'est pas la bonne personne pour vous. Bien sûr, de nombreux couples, qui ont fait un mariage arrangé, ont su trouver l'amour sans s'être rencontrés avant. Mais pour améliorer les chances qu'un mariage arrangé réussisse, il faut tenir compte de nombreuses variables concernant les traits de personnalité et la compatibilité entre les deux personnes. On ne dirait pas qu'une telle analyse a eu lieu dans cet arrangement. Comme vous savez que vous avez tendance à laisser les autres abuser de votre générosité, vous devriez être sceptique que ce mariage vous apportera à tous les deux du bonheur à long terme.

Pour être altruiste, votre tâche n'est pas d'essayer d'être plus généreux. Concentrez-vous plutôt sur la découverte de ce qu'est votre véritable

Moi. Voyez si votre besoin d'aider une personne vient d'un désir conscient d'établir un lien spirituel avec elle, et non pas du besoin d'essayer de la rendre heureuse ou de lui offrir une vie meilleure.

*

* *

## UN FRÈRE INSUPPORTABLE

**Question :**

D'aussi loin que je me rappelle, j'ai eu une relation difficile, sinon impossible, avec mon frère aîné. Je crois que je lui ai toujours pardonné ce qu'il a fait, mais il est déterminé à me haïr. Au fil des ans, je lui ai demandé pourquoi il me déteste, mais il ne veut pas me le dire. La dernière fois que je le lui ai demandé, c'était il y a un an.

En grandissant, j'ai subi toutes sortes de mauvais traitements de sa part : il m'a battue et a laissé d'autres faire de même, il a saboté mes relations avec les autres et il m'a insultée constamment. Maintenant que nous sommes adultes, nous ne nous parlons que lors des rencontres familiales (une fois aux deux ans), et il me lance des insultes au bout d'à peine cinq minutes. Je ne le hais pas. Pour autant que je sache, c'est une bonne personne qui se comporte bien avec les autres. Je trouve qu'il est drôle, intelligent et talentueux. J'adore la femme avec qui il est marié.

Mais c'est comme si nous n'avions pas le droit de nous parler. Ces cinq dernières années, j'ai essayé de faire preuve de patience et d'attendre la suite des événements, mais j'ai senti que je devais tirer un trait quand il s'est mis à me rabaisser devant mon garçon de cinq ans (qui en avait alors quatre). Je lui ai dit que tant qu'il ne changerait pas son comportement, je ne voulais pas qu'il soit en présence de mon garçon. Mais cela a outré mes parents.

Son attitude déteint sur ma relation avec mon mari et mes parents. Voici donc ma question : comment le pardon peut-il s'appliquer à une relation familiale où tant de personnes sont blessées ?

**Réponse :**

Je crois que vous avez bien agi en disant clairement à votre frère qu'il était inacceptable qu'il vous rabaisse devant votre fils. Cependant, je ne suis pas certain de comprendre pourquoi vos parents n'en sont pas conscients et qu'ils ont été outrés que vous ne vouliez pas que votre frère soit en présence de votre fils. Étant donné que vous avez souvent essayé de savoir pourquoi il était hostile envers vous sans obtenir de réponse à part davantage d'insultes, vous devriez accepter qu'il s'agit d'une difficulté que vous ne pouvez pas résoudre par une interaction directe. Ce n'est peut-être pas la solution, mais dans un cas semblable, le meilleur recours est parfois de cesser de lutter. Je sais que votre relation avec votre frère crée des tensions familiales, mais dans votre cœur, cessez de voir cela comme un problème ou comme une chose qui doit être résolue ou changée. Acceptez l'idée que les sentiments de votre frère sont ce qu'ils sont, même s'il ne change pas et même si vous ne saurez jamais pourquoi il vous déteste. Il a le droit de ressentir ce qu'il ressent, tout comme n'importe qui d'autre, et vous pouvez respecter ce fait, tant qu'il est clair que vous avez aussi le droit de choisir de ne pas être en sa présence. Souvent, quand une personne décide émotionnellement de lâcher son bout de la corde dans ce genre d'antagonisme qui perdure, les vieux schémas de comportement finissent par disparaître et cela permet à la relation de changer.

*

* *

**RENOUER AVEC SON PÈRE**

**Question :**

J'ai 45 ans et je n'ai pas parlé à mon père depuis 20 ans. Je suis la plus jeune fille de quatre enfants. J'ai été la première à cesser de communiquer avec lui, suivie quelques années plus tard par mes sœurs aînées. Mon frère est demeuré en contact avec lui et avec nous. Mon père était un homme parfois excessif et quand il buvait, il créait des drames. À l'âge de 25 ans, j'en ai eu assez et j'ai décidé de cesser toute communication avec lui. Récemment, j'ai vu son adresse de courriel dans un message que ma belle-sœur m'a transféré, et après avoir beaucoup réfléchi, je lui ai envoyé un message. En plus de lui avoir donné des nouvelles à propos de moi et de mes enfants, je lui ai écrit ceci :

*J'accepte le passé sans le nier ou le rejeter, et je suis consciente que les gens font ce qu'ils peuvent à ce moment-là, avec les outils qu'ils possèdent. Maintenant que j'ai 45 ans, je sais que j'aurais fait les choses différemment si j'avais eu la sagesse et la capacité de m'adapter à la situation. Je crois aussi que tout arrive pour une raison. Aujourd'hui, je suis heureuse de qui je suis et où j'en suis rendue dans ma vie.*

Ce soir, j'ai reçu un appel de ma belle-sœur et au bout d'environ une demi-heure, je lui ai dit ce que j'avais fait. Elle m'a répondu qu'elle le savait déjà, car mon père avait transféré mon courriel à mon frère, en lui demandant ce qu'il en pensait (mon frère n'a rien dit sur le sujet), puis mon frère l'a mentionné à ma belle-sœur. Je suis pleinement consciente que mon Moi conditionné souffre encore de ce rejet, de tous ces secrets et du sentiment que personne ne se préoccupe de mon bien-être. Je le comprends et je peux faire en sorte de guérir. Ce qui me blesse, c'est que pendant 20 ans, mon frère a entretenu une relation à la fois avec moi et mon père, sans jamais parler de moi ni même lui mentionner que j'avais eu un deuxième enfant. Je ne sais pas ce qui va arriver ou si je recevrai une réponse, mais j'ai beaucoup de mal à composer avec tout cela.

**Réponse :**

Le simple geste d'envoyer un courriel à votre père après toutes ces années est considérable sur le plan psychologique. Vous avez pris soin de faire référence au passé tout en étant neutre, philosophe et sans blâmer personne. Et je crois que votre père a sincèrement voulu vérifier quelles étaient vos intentions en transmettant votre message. Par exemple, est-ce qu'en disant « Je suis heureuse de qui je suis et où j'en suis rendue dans ma vie », vous vouliez dire que vous ne souhaitez pas passer à l'étape suivante et à le voir ou lui parler, ou vous vouliez seulement dire que vous êtes effectivement heureuse aujourd'hui ?

Il n'est pas surprenant que le fait de vous ouvrir ainsi à votre père, après deux décennies de silence et de secrets, ferait surgir en vous de puissants sentiments de rejet et de souffrance. C'est ce qui arrive souvent quand vous revisitez certaines émotions en vous-même que vous aviez étouffées ou négligées et que vous y faites face. Mais il s'agit d'un processus sain et positif. Je vous encourage à continuer. Vous pourriez envoyer un autre courriel à votre père juste pour expliquer ce qui vous a poussé à lui écrire. Et si vous vous sentez suffisamment forte, vous pourriez exprimer certains de vos sentiments. Si vous envisagez l'idée de le rencontrer, ou si vous savez que vous n'y êtes pas encore prête, dites-le-lui. Et si vous savez quel genre de relation vous aimeriez que vous et vos enfants aient avec lui, faites-le-lui savoir.

Si votre père n'a aucune réponse à vous offrir et qu'il rejette toute possibilité de renouer avec vous, vous saurez au moins ce qu'il en est. Ainsi, vous pourrez aller de l'avant pour guérir et ne plus rien attendre de sa part (du moins à un certain degré). Mais comme c'est vous qui au départ avez demandé à couper tout lien entre vous deux, je crois qu'il aimerait faire de nouveau partie de votre vie si c'est ce que vous lui offrez.

*

* *

## PRENDRE SOIN D'UN PÈRE CRUEL

**Question :**

J'ai été élevée par un homme insensible, peu attentionné, cruel et égoïste. Il était intentionnellement méchant et il aimait cela. Il m'a cruellement blessée en me refusant l'amour et l'attention que je méritais tant. Si bien que j'en ai eu assez.

Il a eu une belle vie, mais aujourd'hui, il est vieux et malade et maintenant, je ressens de la compassion pour lui. Il continue de me manquer de respect, malgré tout ; j'en prends toujours soin, car mon frère, à qui il a tout donné (parce que c'est un garçon et il est aussi cruel et égoïste que lui), ne l'aide pas du tout. Il ne s'intéresse qu'à l'argent de mon père.

Je ne reçois rien et je ne demande rien. J'ai le sentiment que je dois prendre soin de lui, mais je ne sais pas pourquoi. Je n'aime pas être avec lui parce qu'il continue d'être méchant avec moi. Je suis simplement triste pour lui. Est-ce que je fais la bonne chose, ou est-ce que je me fais du mal en étant en présence d'un individu aussi négatif qui me donne le sentiment d'être inférieure, mal-aimée et exploitée ? Est-ce que ma décision va aider ou nuire à ma croissance spirituelle ?

**Réponse :**

Je ne vous encouragerais pas à le faire par pitié et par obligation, surtout si cela vous fait vous sentir mal-aimée et inférieure. Par contre, vous avez dit que vous ressentiez de la compassion pour lui et que vous n'attendiez rien de lui. Pour éclaircir la situation, je crois que vous devriez examiner plus profondément quelles sont vos réelles motivations. Par ailleurs, si vous prenez soin de lui par compassion, sans attendre en retour qu'il vous fasse amende honorable pour vous avoir maltraitée durant votre enfance, et que vous l'acceptez tel qu'il est malgré son comportement et ses croyances, alors je dirais que prendre soin d'autrui est dans votre nature et que c'est sain pour vous. De plus, cela démontre comment votre force, votre beauté et votre bonté véritables se sont élevées au-dessus de l'adversité et se sont épanouies malgré vos blessures d'enfance.

Le lotus qui pousse à travers la boue symbolise comment votre essence et votre beauté spirituelles ne sont pas limitées ou définies par les circonstances de vos origines.

*
* *

## UNE MÈRE PEU AIMANTE

**Question :**

Ma sœur et moi avons toujours cru que maman ne nous aimait pas. Elle ne s'est jamais préoccupée de notre bien-être, de notre développement ou de notre avenir. Par tous les moyens possibles, même les plus insignifiants, elle a cherché à nous montrer son peu d'amour et son peu d'intérêt pour nous. J'ai 49 ans et ma sœur en a 52, et ce n'est que maintenant que je prends conscience et que j'accepte le fait que ma mère n'a jamais cru en la famille ni en l'amour. Même si j'ai essayé de lui exprimer de l'amour, elle n'a pas changé. J'en suis donc venue à la conclusion qu'elle n'a pas besoin d'amour, du moins pas de moi et de ma sœur. Elle ne croit pas à l'importance des liens familiaux ; elle veut autre chose que de l'amour et d'une famille. Maintenant que j'ai plus de maturité, je suis aussi consciente que ce n'est pas seulement une question d'amour, mais aussi de haine.

Elle nous déteste et elle nous traite comme si nous étions des ennemies. Je crois qu'elle est narcissique parce qu'elle a souvent dit que personne ne lui arrive à la cheville (c'est vraiment embarrassant). Mais malgré cela, elle n'a jamais vraiment exploité ses dons et ses talents (le chant, le théâtre, la mode, la science, etc.). Elle était effectivement une reine de beauté dans sa jeunesse, et c'est pour cette raison qu'elle agit comme elle le fait – en nous négligeant, en nous maltraitant et en nous rejetant quotidiennement – parce qu'elle vit dans ce monde imaginaire où elle s'accroche à sa couronne, tout en s'assurant que personne ne va la lui voler. Aussi étrange que cela puisse paraître, c'est ainsi que je vois les choses.

Voilà pourquoi j'ai dit qu'elle n'a sans doute pas besoin d'amour et d'une famille. Elle a seulement besoin de sa couronne. Si bien que sa vie ordinaire, terre-à-terre, n'est pas réelle pour elle. Ma question est : comment dois-je composer avec une telle attitude ? Je suis obligée de vivre avec elle, car je n'ai pas d'emploi présentement et qu'elle a 79 ans, et dans ma culture, il faut prendre soin des personnes âgées. Cependant, je suis incapable de faire fi de son attitude, mais j'aimerais vraiment résoudre ce problème.

**Réponse :**

Vous avez peut-être raison que votre mère ne vous aime pas et qu'elle vous déteste, mais votre sœur et vous ne pouvez pas en être certaines, et vivre avec cette supposition vous rend manifestement misérable. Pourquoi ne pas agir à partir du point de vue que la réalité de votre mère sera toujours un mystère incompréhensible ? Ensuite, examinez vos suppositions sur ce qu'elle pense véritablement de la famille, ainsi que son comportement narcissique, et demandez-vous pourquoi vous ne pouvez y réagir qu'en étant malheureuse. Nous sommes socialement conditionnés à croire que les mères devraient toujours penser et agir avec altruisme et amour envers leur famille. C'est certainement un comportement maternel admirable, mais chaque fois qu'une femme ne correspond pas à cette image idéalisée, la réaction habituelle est de présumer qu'il y a quelque chose qui ne va pas chez elle. Il y a peut-être quelque chose qui cloche, peut-être pas. Mais ce que vous devez comprendre, c'est qu'elle n'est pas obligée de répondre à vos attentes en tant que mère pour que vous vous sentiez bien. Elle a beau être égocentrique et mesquine, vous pouvez tout de même être bien si vous cessez de croire que votre bien-être intérieur dépend d'elle et non pas de vous. Le fait de renoncer à la perception que vous avez de votre mère vous permettra de porter votre attention au bon endroit – sur vous et sur la façon dont vous pouvez être heureuse actuellement dans votre vie.

*

* *

## GUÉRIR DES MAUVAIS TRAITEMENTS

**Question :**

Mes parents n'étaient pas des gens stupides. Ma mère était professeure de musique et mon père, ingénieur civil. Il m'est difficile de dire quand les mauvais traitements ont commencé, mais ils ont pris toutes sortes de formes. Par exemple, enfant, on me laissait dans ma crasse, parfois j'étais si sale qu'on avait du mal à me nettoyer. Ma mère était peut-être maniaco-dépressive, car je me rappelle seulement ses colères où elle me battait jusqu'à ce que je me détache mentalement et que j'aie la sensation de flotter. Je me cachais partout pendant des heures et je me sentais en sécurité dans le débarras, car cela l'enrageait encore plus quand elle me trouvait cachée dans les placards. Sa colère n'était justifiée que par ses propres frustrations. Elle m'arrachait des poignées de cheveux, et une fois qu'on devait prendre des photos à l'école, elle a saisi une mèche de cheveux au-dessus d'une de mes oreilles et l'a coupée. Je crois que les gens l'ont remarqué, mais je n'en suis pas certaine, car tout le monde demeurait silencieux en ma présence.

À un moment donné, je ne peux pas dire quand précisément, mon père a commencé à abuser de moi sexuellement, et comme il arrivait qu'il le fasse alors que ma mère était à ses côtés, je suis certaine qu'elle le savait. C'est peut-être également la raison pour laquelle elle me négligeait et m'achetait des vêtements trop grands. Je crois que chaque fois qu'un enseignant, un voisin ou quiconque commençait à croire que quelque chose n'allait pas, notre famille déménageait. Durant une courte période, mes frères ont également abusé de moi sexuellement, mais ils ont cessé parce que je crois qu'ils avaient honte. Mon père était un homme très puissant et il essayait de prouver combien il était fort en serrant avec une telle force les bras et les mains de mes frères qu'ils s'agenouillaient et le suppliaient d'arrêter. Malgré tout ce qui est arrivé, ce genre de comportement me rend encore furieuse et me donne la nausée. Il n'y a pas de mots pour décrire ce qu'on ressent quand on voit un autre être humain se faire humilier ainsi. La liste de ces mauvais traitements est longue, mais je crois que ça suffit pour démontrer la cruauté de mes parents. Pourtant, bien des gens considéraient mon père comme un homme serviable et gentil, qui était toujours prêt à aider les autres. À la maison, il passait la majeure partie du temps à l'extérieur avec ses chevaux, tandis que maman restait à l'intérieur à lire ou à noter les examens de ses élèves quand elle était de bonne humeur. Mais j'en ai gardé qu'un vague souvenir et cela importe peu. Le pire, ce sont les coups que je recevais jusqu'à perdre connaissance, mais qui n'étaient rien comparés à la douleur émotionnelle d'être debout devant le miroir et de me faire dire par ma mère combien j'étais laide, ou de voir mes frères être humiliés. Il arrivait que ma mère m'attache pendant des heures quelque part, mais cela ne me dérangeait pas vraiment, car ce geste signifiait qu'elle était ailleurs et qu'elle ne pouvait pas me menacer. Là où je trouvais le plus de sécurité et de paix était sous les immenses branches d'un chêne, près du fleuve Missouri. Tant que je restais hors de vue et que je ne pensais pas à mes malheurs, les choses étaient tolérables. Néanmoins, les thérapeutes n'ont pas réussi à gratter la surface ; ils n'ont jamais su ce que j'avais enduré. Selon moi, la plupart ne sont pas mieux qu'un poteau à qui on raconte nos problèmes, et certains m'ont paru pires que moi sur le plan émotionnel. Si j'ai consulté, c'est que je voulais guérir, parce que c'était de toute évidence pour mon bien. Un jour, j'ai perdu mon chien, je l'ai appelé pendant des semaines jusqu'au moment où j'ai éprouvé un merveilleux sentiment de paix. Une présence sous forme d'étincelle argentée est apparue derrière mon épaule gauche, et sans ressentir aucune émotion, j'ai su avec une certitude absolue ce qui était arrivé à mon chien. C'était un pur sentiment de paix, dépourvu d'émotion. Je suis allée directement à la maison et j'ai dit à ma mère ce qui était arrivé, puis je suis sortie. Elle avait tiré une balle à mon chien parce qu'il avait mordu des gens. Je ne ressentais pas de tristesse ou de colère, seulement de la paix et de la joie. Il m'est aussi arrivé de frôler la mort et, chaque fois, je m'adressais à Dieu en lui disant : d'accord, si c'est ce que tu veux, alors qu'il en soit ainsi – et chaque fois, j'étais submergée par ce merveilleux sentiment de paix.

J'ai commencé à lire vos livres et à écouter vos cassettes. Ils m'apportent un certain réconfort.

Durant cette période, j'ai écouté et lu vos livres qui ont su retenir mon attention avec une telle grâce que j'étais totalement absorbée par eux. Vous avez un don incroyable ! Un jour, je suis passée devant un centre de méditation transcendantale et j'ai cru voir un faible halo qui entourait l'immeuble, si bien que j'ai failli pénétrer à l'intérieur.

Après avoir déménagé plus de 33 fois avant la fin de mes études secondaires, j'ai grandi entourée de boîtes pleines qui me réconfortaient pour une raison que j'ignore. Je crois que chaque fois que ma famille déménageait, je laissais derrière moi la honte et j'apportais l'espoir de quelque chose de meilleur, mais les choses ne changeaient jamais. Puis, il n'y a pas si longtemps, j'ai senti un besoin impérieux de faire un grand ménage ; j'ai vidé les boîtes l'une après l'autre, et leur nombre a diminué. Ce faisant, je me suis remise à ressentir les choses. C'est étrange, mais je sens une boule de peur dans mon estomac ; elle est palpable et concrète. Cela pourrait sembler ridiculement prosaïque, mais ces boîtes avaient une grande signification, et le fait de pouvoir mettre un nom sur ma peur peut s'avérer positif. Ces boîtes ont représenté le commencement de la guérison de mon premier chakra, et je sens maintenant la peur au plus profond de mon plexus solaire. Cela veut peut-être dire que la guérison progresse vers le haut. En ce moment, j'écoute votre CD « *The Spontaneous Fulfillment of Desire* » et je me demande quel est le mantra que je devrais utiliser pour chasser la peur. Je crois que le bon mantra pourrait faire des merveilles pour moi. Et parce que je le crois, je suis certaine qu'il le fera. Je n'ai pas besoin d'humilier ou de blesser personne. Je veux seulement prendre ma vie en main avec courage plutôt qu'en ayant peur, ce qui, comme vous l'avez souligné, nuit au destin de notre âme.

**Réponse :**

J'ai voulu présenter votre lettre au complet afin de partager votre histoire hors du commun. J'ai beaucoup de compassion pour vous et pour tous ceux qui ont été aussi maltraités durant leur enfance, et je vous félicite d'avoir réussi à guérir si bien. Votre histoire est vraiment un témoignage du triomphe de l'esprit humain.

Il y a beaucoup de mantras que vous pourriez utiliser pour chasser la peur. Celui que je vous propose est : « Shri Dum Durgayei Namaha ». C'est un mantra que vous pouvez dire à voix haute ou en silence, chaque fois que vous le désirez. En anglais, il se prononce de façon à ce que « shri » rime avec « tree », « dum » rime avec « room », « dur » rime avec « fur », « ga » rime avec « duh », « yei » sonne comme « yea » et « namaha » se prononce phonétiquement comme vous le pensez. Bonne chance !

*

* *

## PARDONNER LES MAUVAIS TRAITEMENTS

**Question :**

Comment puis-je pardonner à mon père qui m'a maltraitée, et serai-je mieux spirituellement si je continue ma relation avec mon père malgré son comportement ? J'ai lu vos réponses à des questions semblables dans le passé, et je suis désolée si j'ai l'air bête, mais je ne comprends pas vos réponses. Je suis incapable de me voir à la fois comme une victime et une persécutrice. Je comprends que nous choisissons nos parents et je suis consciente que j'ai peut-être choisi cette relation pour apprendre à propos du pardon. J'aimerais pardonner à mon père, mais je ne comprends pas sur quelle base. Il n'a pas su me protéger contre ma mère violente. Lors de mes règles, j'avais des crampes si intenses que j'avais du mal à me tenir debout, mais mon père n'a rien fait pour m'en soulager. Il m'a toujours traitée comme si tout ce que je faisais était mal. Il admet maintenant qu'il a mal agi et il dit qu'il le regrette profondément, mais il prétend qu'il ne croyait pas mal faire. C'est un homme brillant qui a réussi en affaires, et j'ai du mal à le croire lorsqu'il prétend qu'il n'était pas égoïste au point de négliger mes besoins.

Je suis consciente qu'une personne qui a évolué spirituellement ne se soucie pas des opinions des autres. Par contre, d'après ce que je comprends, il est préférable de s'entourer de gens positifs. Le fait que mon père soit moralisateur, conservateur et querelleur, alors que moi, je suis tolérante, libérale et sensible aggrave la situation. Depuis deux ans, à ma demande, nous avons seulement échangé des courriels, car lorsque nous nous parlons de vive voix, nous finissons toujours par nous disputer. En toute justice, mon père a été très respectueux envers moi durant ces deux dernières années. Mais je trouve tout de même difficile de prétendre que tout est au beau fixe.

**Réponse :**

Le pardon n'est pas une décision que vous devez forcer simplement parce que vous y aspirez sur le plan spirituel, comme votre situation le démontre. Le processus pour guérir des blessures de votre passé n'est pas un processus intellectuel. Parvenir à pardonner, assumer la responsabilité de votre vie et lâcher prise sur votre souffrance n'est pas une procédure qui vise à guérir le passé ; c'est plutôt un résultat que vous atteignez une fois que la guérison est complète. À bien des égards, le véritable processus de guérison est celui qui nous permet de pleurer une perte, car ce faisant, nous nous libérons de la souffrance enfouie en nous. Nous sommes habitués de pleurer la mort d'un être cher, la perte d'une somme d'argent ou d'une maison. Mais nous sommes peu habitués de guérir les pertes en ce qui concerne l'amour, le respect ou la maîtrise de soi, notre enfance, ou un nombre infini de façons qui altèrent notre Moi supérieur.

Le manque de soins et de protection de votre père justifiera toujours votre colère et votre souffrance, tant que vous revivrez ce fait du point de vue de l'enfant qui n'aurait pas dû vivre de tels traitements. Vous découvrirez peut-être aussi que vous devez guérir certains sentiments que vous éprouvez encore envers votre mère. Maintenant que vous avez survécu et que vous avez grandi, ces sentiments peuvent enfin être guéris. La première chose à reconnaître est que l'émergence de ces anciens sentiments est un signe positif et sain que vous êtes maintenant suffisamment forte pour guérir les vieilles blessures. Laissez-les monter en vous ; ne les évitez pas ou ne les repoussez pas. Mais n'encouragez pas ou n'exagérez pas ces sentiments non plus. Laissez-les être ce qu'ils sont.

Tous les sentiments impliqués dans le processus du deuil – le déni, le blâme, les excuses, la colère, le ressentiment, le regret, l'amertume et, finalement, l'acceptation – devraient surgir en vous en temps voulu. Vous devez aussi reconnaître que ce que vous avez vécu et perdu s'est produit dans le passé, mais que vous avez survécu et que vous êtes maintenant ici, dans le présent, en sécurité. De ce point de vue, vos vieilles blessures peuvent vous dire ce qui fait mal. Vous n'avez pas à connaître les détails exacts de ce qui est arrivé et à quel moment. Vous pourriez n'avoir qu'un vague sentiment des événements, surtout s'ils se sont produits quand vous étiez très jeune. Le simple fait d'avoir la volonté de voir et de ressentir ce qui est arrivé suffit. Apprenez pourquoi ce que vous avez perdu était si important pour vous et pourquoi cela a tant d'emprise sur vous.

En somme, vous apprendrez comment faire face à vos pertes lorsque vous comprendrez comment vous les avez évitées dans le passé, de même que les situations qui font remonter à la surface les souvenirs d'anciennes pertes. C'est ainsi que vous pouvez favoriser le processus naturel de guérison. La durée de la guérison n'est pas préétablie. Cela dépend de la perte dont vous avez souffert, et personne à part vous ne peut connaître la profondeur de votre perte. Durant ce processus, nous nous libérons de notre dette émotionnelle et nous définissons spontanément un Moi spirituel plus fort dans le présent. À partir de là, nous apprenons à accepter la perte, à pardonner et à aller de l'avant. Quand nous avons réussi à faire le deuil de nos pertes, nous ne faisons pas seulement comme si tout allait bien, nous allons bien. Nous n'avons pas excusé la personne qui nous a maltraités – nous avons enfin perdu tout intérêt à être dans cette relation et nous sommes devenus un Moi plus puissant et aimant, dans le présent.

La méditation vous sera utile pour développer et renforcer votre Moi spirituel, qui sera à la base de la guérison, de l'acceptation et du pardon. Toutefois, la méditation ne vous donnera pas nécessairement l'honnêteté, la patience et le courage requis pour le processus de guérison. Vous devez trouver et nourrir en vous ces qualités afin de traverser votre propre processus de guérison.

*

* *

## DES PARENTS SANS SPIRITUALITÉ

**Question :**

Je suis engagée dans un cheminement spirituel depuis de nombreuses années et je comprends que tout est orchestré dans un but. J'ai 40 ans et je n'en reviens toujours pas que j'aie pu choisir mes parents, parmi toute la population du monde, comme le couple parfait pour m'élever. Tout chez eux transpire le matérialisme – leurs affreuses habitudes alimentaires, leur dépendance à l'alcool et aux cigarettes, leur agressivité, leur vision politique étroite et leur peur et leur désespoir face à l'argent et à l'idée de perdre leurs possessions. Je les aime pour qui ils sont intérieurement, mais j'ai simplement l'impression de n'avoir rien en commun avec leurs valeurs et je me demande si je suis en train de passer à côté de quelque chose.

**Réponse :**

Comme plusieurs aspects du karma, nos familles peuvent nous paraître déconcertantes si nous essayons de les comprendre à partir de ce que nous aimons et n'aimons pas présentement. « Parfait » ne veut pas dire que vous avez demandé à vivre dans un jardin de roses et que vous l'avez obtenu. Cela signifie que sur le plan spirituel, votre karma, dans son immense complexité, était assorti à tous ceux qui joueront un rôle important dans votre vie. Par exemple, vous pourriez avoir demandé que vos parents vous donnent simplement la capacité de transcender ces valeurs matérielles et de trouver l'amour qui vous permet de les apprécier malgré les différences superficielles que vous sentez entre vous. Il est sage de vous rappeler que les points de vue de l'âme et de l'ego ne sont pas les mêmes.

*

* *

## UN SENTIMENT DE CULPABILITÉ

**Question :**

J'ai toujours pensé que lorsqu'une personne demande pardon, cela signifie qu'elle est prête à changer. J'ai quitté la maison à un âge relativement jeune et maintenant, je crois que c'était parce que je sentais inconsciemment que je ne pourrais pas faire face aux responsabilités liées au fait que j'étais l'aînée de la famille. Je parle occasionnellement à ma mère au téléphone (mon père est mort) et je communique par courriel avec certains membres de ma famille.

J'aimerais me libérer du sentiment de culpabilité que j'éprouve face à cette situation, mais je suis confrontée à mon propre égoïsme.

**Réponse :**

Je crois que vous êtes trop dure envers vous à cause d'un choix que vous avez fait il y a des années, quand vous étiez une personne très différente de qui vous êtes maintenant. Aujourd'hui, dans des circonstances semblables, vous prendriez peut-être une décision différente que celle que vous avez prise quand vous étiez plus jeune, mais vous avez agi pour le mieux à ce moment-là. C'est tout ce qu'une personne peut faire. Vous ne pouvez pas revenir en arrière et changer le passé, mais vous pouvez en tirer une leçon, et c'est ce que vous semblez avoir fait. Vous pouvez vous libérer de votre culpabilité en vous pardonnant et en reconnaissant que votre choix faisait partie du processus d'apprentissage de la vie et que cela vous a menée où vous en êtes maintenant. Alors, dans ce sens, ce n'était ni bien ni mal – c'était tout simplement ainsi. Vous n'avez d'emprise que sur le moment présent et c'est dans cet espace de liberté que vous pouvez agir. Vivez pleinement le moment présent et créez avec les membres de votre famille une relation qui vous épanouira.

*

* *

## UNE CONFESSION

**Question :**

J'ai 17 ans et j'ai récemment entamé un cheminement spirituel. Jusqu'ici, j'ai le sentiment d'avoir commis beaucoup d'erreurs, et je n'ai pas mené une vie entièrement honnête. J'avais l'habitude de mentir à mes parents pour obtenir ce que je désirais. Je vois maintenant combien j'ai été égoïste, si bien que j'ai dit la vérité à mes parents. Mais depuis ma confession, ils ont été très fâchés contre moi. Mon père ne me parle plus, et ma mère et ma grand-mère ne cessent de me rappeler que j'ai péché et que j'ai ruiné leur réputation. Je suis très heureuse d'avoir pris la décision de leur dire la vérité, mais j'ai de la difficulté avec mon sentiment de culpabilité. J'ai le sentiment de leur avoir fait du mal, ainsi qu'à moi-même. J'ai commencé à méditer récemment et je constate que quand je suis calme, je ne ressens aucune culpabilité, mais une fois que ce calme a disparu, je me sens terriblement blessée, coupable et seule. Que puis-je faire pour atténuer ces sentiments ?

**Réponse :**

Je ne sais pas en quoi vous avez menti à vos parents, mais comme vous vous êtes confessée à votre famille avec l'idée d'être plus honnête, cela semble excessivement sévère de leur part de vous rejeter. Laissez le temps passer et demandez ce que vous pouvez faire pour améliorer la situation. Les adolescents manipulent la vérité auprès de leurs aînés depuis des milliers d'années. Ce n'est pas si grave. Aucune réputation familiale n'a été entachée irrévocablement par vous, alors ne les laissez pas vous faire sentir coupable. Vous avez bien agi en vous ouvrant à votre famille et ils vont éventuellement voir les choses autrement. Pendant ce temps, continuez de méditer, ainsi la blessure et la culpabilité vont vite se dissiper.

*

* *

## DES SECRETS, DE LA HONTE ET DE L'AMOUR

**Question :**

Je suis une femme de 30 ans et je vis toujours avec mes parents. Ma vie n'a aucune direction. Je n'ai rien fait de ma vie. Je n'ai pas fait d'études ; je n'ai que mon diplôme secondaire. Je suis secrétaire dans un bureau. Je ne suis pas efficace, car je ne réussis jamais à accomplir toutes mes tâches ou à décider ce que je devrais d'abord faire, ou à qui obéir en premier, ou comment bien accomplir mon travail.

J'avais l'habitude d'arriver plus tôt le matin ou de sauter le repas du midi, mais on me donnait toujours plus de travail, alors je ne le fais plus. Je me sens également exploitée au bureau et j'ai l'impression que mon travail n'est pas apprécié et que je ne suis pas respectée, ou qu'on ne m'accorde pas suffisamment de temps pour que j'accomplisse bien mes tâches. Je ne sais pas quoi faire ni comment m'améliorer. C'est vraiment important pour moi de bien accomplir mon travail, mais je n'y parviens pas. Je n'ai pas fait d'études et je crois que si je quittais cet emploi, je n'en trouverais pas d'autre. J'ai de la difficulté à avoir de bons rapports avec les gens. Je me fais des ennemis partout.

Je n'ai pas d'amis ni d'amoureux, et je n'en veux pas. Je suis mal à l'aise avec les gens, en fait, je n'aime pas être en leur compagnie. Je ne veux pas que les autres voient tout ce que j'ai fait de mal (j'ai parlé dans le dos de presque tout le monde). Je ne veux pas que les autres voient que je n'ai pas de cœur, que je ne ressens rien pour les gens et que je ne me soucie de personne. Je ne veux pas qu'ils voient que je suis hypocrite (je fais semblant de me soucier un peu des autres). Je ne veux pas qu'ils découvrent que je n'ai jamais eu d'amoureux et que je n'en veux pas. (Je ne suis cependant pas lesbienne, mais certaines personnes, que je connais à peine, m'en accusent sans ménagement.) Je ne veux pas que les autres voient que je suis mésadaptée, que je n'ai pas d'amis et que je ne veux pas qu'ils me traitent mal. Je ne veux pas que les autres voient que je n'ai pas de personnalité.

Quand j'allais à l'école, j'avais de bons amis, qui étaient de bonnes personnes. (Maintenant, je n'en ai plus ; je me suis mis à dos la plupart d'entre eux. Je ne compte plus le nombre de bévues que j'ai faites et c'est pour cette raison que je me suis éloignée des autres.) J'étais plus sympathique avant et les gens m'aimaient en général. J'avais mes valeurs et mes idéaux, ainsi que mes rêves de ce que je voulais faire de ma vie. J'avais de bonnes notes, car je travaillais fort et je savais que je pouvais réussir tout ce que je décidais d'accomplir.

Je voulais fonder un jour ma propre famille et je pensais à toutes les choses que je ferais et que je ne ferais pas. Je m'étais promis que je ne mentirais jamais à mes enfants, que j'agirais toujours selon mes valeurs, ainsi je ne sentirais pas le besoin de leur mentir. Si jamais je leur mentais, je me disais qu'ils finiraient par le découvrir, car la vérité finit toujours par se savoir, et qu'ils ne me croiraient plus ou ne me feraient plus confiance – et peut-être les autres non plus – et je ne voulais pas que cela arrive.

J'étais malheureuse à la maison. Je haïssais mon père. Ce que je souhaitais le plus, c'était d'être assez âgée pour quitter la maison, et je m'étais promis que je ne cacherais pas de choses aux autres ou à mes enfants comme mon père l'avait fait. Je m'étais promis que je ne serais jamais méchante avec mes enfants, que je ne serais jamais un despote. Je m'étais promis que je n'abandonnerais jamais dans la vie comme il l'avait fait. Je travaillerais fort pour réaliser mes rêves.

Après la puberté, j'ai découvert la masturbation. Quand j'ai appris comment cela s'appelait, ça m'a rebutée. Je me suis dit que je ne voulais pas que les autres (ni mes enfants) sachent ce que j'avais fait. Je cachais donc des choses maintenant ! J'étais comme mon père ! Pourtant, je m'étais promis que je ne serais pas comme lui, mais que si jamais je découvrais que je l'étais, alors je n'aurais pas d'enfants, même si j'en voulais, afin de ne pas leur rendre la vie malheureuse. Et cela m'a fait mal parce que je voulais vraiment fonder une famille avec beaucoup d'enfants. Puis, j'ai aussi pensé que si j'étais comme mon père, qui pourrait un jour m'aimer ? Personne. (Je me suis dit que ma mère était avec lui parce qu'elle était stupide.) Je n'allais donc jamais me marier. De plus, sachant que je ne voulais pas d'enfants, qui me prendrait au sérieux ? Je voulais mourir. J'ai fini par croire que je ne pouvais laisser personne m'approcher et voir qui je suis vraiment ou que je n'ai pas d'amis. Et je me suis dit que si je faisais des études ou que si je travaillais, il y aurait des gens qui me verraient inévitablement. Je ne voyais pas d'issue. Est-ce que je passais à côté de quelque chose ?

Durant toute mon enfance, j'ai voulu que mes parents divorcent. Mon père traitait mal ma mère et elle ne se défendait pas. Il l'insultait. J'ai demandé à ma mère pourquoi elle ne le quittait pas. Elle m'a dit qu'elle était tombée amoureuse de lui, alors je me suis dit que tomber amoureuse était la chose la plus grave et la plus stupide qu'une femme pouvait faire. C'était la meilleure façon de gâcher sa vie, comme je croyais que ma mère l'avait fait, et je me suis promis que je ne tomberais jamais complètement amoureuse. Je ne perdrais jamais la tête pour quelqu'un, pour le bien de mes enfants (contrairement à elle qui avait fait un mauvais choix et qui m'obligeait à vivre avec un père que je détestais). Et dès le premier signe d'altercation, je quitterais mon mari malgré tout l'amour que j'éprouverais pour lui. Je serais forte pour le bien de mes enfants, contrairement à ma mère.

Quand j'étais enfant, je croyais aussi que le suicide était impardonnable. Pourtant, j'avais l'impression que mon père avait une tendance suicidaire. Il était tellement déprimé, et je croyais que c'était pour cette raison que ma mère ne le quittait pas. Elle avait peur de ce qu'il ferait. Elle croyait aussi (elle l'a dit tellement de fois) que le divorce n'était pas une bonne chose pour les enfants, que cela créait en eux des « problèmes psychologiques ».

Après m'être dit qu'il n'y avait rien d'autre pour moi dans la vie – je ne me marierais pas, je n'aurais pas d'enfants ou d'amis, alors pourquoi faire des études ? –, je me suiciderais un jour. J'en ai voulu à mes parents de m'avoir eue. J'étais furieuse contre eux, contre la vie. Et parfois, je faisais exprès pour être méchante envers moi et envers les autres. Je voulais me détruire, et j'ai fait tout le contraire de ce que je croyais être bien afin de ne pas avoir d'échappatoire. Et maintenant, il y a beaucoup plus de choses que je ne veux pas que les autres découvrent à mon sujet. J'ai trahi des gens. Je garde mes distances parce que je ne veux pas que les autres le découvrent et me rejettent. Quand j'étais une bonne personne, j'aurais sans hésiter rejeté quelqu'un qui est comme moi présentement.

Mais je voulais tellement avoir quelqu'un à qui parler, car je me disais que ça n'avait aucun sens que je sois en vie tout en sachant que rien ne m'attendait dans ce monde. Pourtant, en examinant ma situation, j'ai bien vu que c'était le cas. Je ne faisais confiance à personne. Je croyais que mon secret était si terrible que je ne pourrais jamais en parler, car si je le révélais, le mot pourrait se répandre et tout le monde le saurait, et ceci m'était insupportable.

J'ai fait semblant d'être heureuse et j'ai agi pour la famille, mais j'avais l'impression de m'éloigner de tout le monde. Je n'ai jamais dit à mes parents que depuis ce jour-là (quand j'avais environ 14 ans), j'ai voulu mourir. Mais je devais faire attention. Je ne voulais pas que les autres le sachent.

J'ai essayé d'aller en thérapie, mais ça n'a pas fonctionné. Je savais que ça ne marcherait pas parce que je ne voulais pas parler de ce qui me perturbait et de la raison pour laquelle j'étais devenue si déprimée. C'était mon gros secret.

Plus tard, j'ai détesté les psychologues, comme si je croyais qu'ils ne voulaient pas m'aider – qu'ils le pourraient s'ils le voulaient, mais qu'ils n'étaient intéressés que par l'argent.

Maintenant, j'ai l'impression que si je ne fais pas ce qu'on me demande au travail, je pourrais être renvoyée. Parfois, je trouve que ce qu'on me demande de faire est mal, mais je sais que je ne me trouverai pas un autre emploi, et j'ai peur d'en venir au suicide.

Au départ, je ne voulais pas travailler, car je savais que je manquais de jugement, que j'ignorais comment entrer en relation avec les gens, et que j'aurais du mal à m'entendre bien avec eux. Je savais aussi que je ne pourrais plus apprendre de choses et que je serais médiocre dans mon travail. Et tout cela s'est avéré. De même, je ne sais pas comment m'améliorer au travail, si bien que je suis constamment stressée.

Ma vie n'a aucun sens. Elle est inutile et sans intérêt. Et même si je me sens mieux maintenant que lorsque j'avais entre 15 et 25 ans, je continue de songer au suicide, car je ne vois pas comment je pourrais m'améliorer au travail, et pour moi, c'est important. Je ne sais pas comment accomplir et gérer mes tâches, ce que je devrais dire ou pas, et je suis tellement mal à l'aise en présence des autres.

**Réponse :**

Votre lettre est très détaillée et il y a plusieurs éléments à examiner. La première chose qui me frappe est que vous êtes une bonne personne, avec des idéaux élevés, mais que vous êtes incroyablement critique envers vous-même. Vous semblez vous en vouloir de ne pas être plus sociable, en même temps, vous vous sentez malhonnête quand vous essayez de vous intégrer. Vous vous fixez des critères beaucoup trop élevés pour vous-même, et vous croyez que les autres vous jugeront à partir de ces critères si vous leur en donnez l'occasion. Par conséquent, vous croyez qu'en évitant d'avoir des relations, vous pouvez vous protéger d'être rejetée et blessée. Si vous preniez du recul pour examiner votre situation, je crois que vous pourriez voir qu'en vous isolant, vous avez obtenu exactement la chose de laquelle vous essayiez de vous protéger.

En m'écrivant cette lettre, vous avez fait un grand pas pour surmonter votre préoccupation à propos de vos secrets. Il est important de pouvoir parler des choses dont vous n'êtes pas fière et de voir que c'est bien de le faire. Votre véritable Moi est pur amour, pure connaissance et pure joie. Les dysfonctionnements et les particularités de votre personnalité en sont séparés. Ces caractéristiques font peut-être partie de votre Moi plus vaste, mais elles ne vous définissent pas. Vous demeurez une bonne personne qui mérite d'être aimée et respectée, que vous soyez sociable ou pas. Votre vie a de la valeur et un but, même si votre ego se sent désorienté et stressé.

Vous pouvez commencer en vous pardonnant. Il n'y a rien de mal à ne pas être parfaite. D'ailleurs, c'est beaucoup plus enrichissant de vivre en étant vulnérable, spontanée et même désorganisée. Il est illusoire de croire que vous vous sentirez plus en sécurité si vous avez une maîtrise sur les situations ou sur les gens.

Une partie du plaisir et de l'aventure de la vie est de ne pas savoir ce qui va arriver. Pouvoir vous pardonner, c'est savoir que vous êtes une bonne personne, même si vous ne serez peut-être jamais une secrétaire ou une maman parfaite. Ce ne sont que des rôles que les gens jouent, mais ils ne définissent pas qui ils sont.

Lorsque vous avez mentionné la masturbation, j'ai cru comprendre que vous avez encore honte de vos désirs sexuels. En vous masturbant, vous avez cru que vous aviez des secrets à cacher et cela vous a donné l'impression que vous étiez indigne d'avoir des enfants. Il n'y a rien de mal ou de honteux à avoir des pulsions sexuelles. Et cela ne vous rend certainement pas indigne d'être un bon parent. Vous obéissez apparemment à une logique personnelle voulant que si vous avez des secrets dans votre vie, cela fait automatiquement de vous une personne malhonnête ; que le fait de cacher des choses à vos enfants rendrait leur vie malheureuse. Chaque parent sait que ce qui est approprié à dire à ses enfants, selon l'âge.

Vous vous êtes également créé des idéaux par rapport à la maternité en réaction à votre père. Vous vous êtes promis que si vous aviez des enfants, vous ne seriez pas despote, méchante, hypocrite ou que vous ne les abandonneriez jamais. Mais je crois que vous pouvez reconnaître dans le portrait que vous tracez de vous-même que vous n'avez pas été gentille avec vos amis et vos collègues de travail, pas plus que vous avez été honnête à propos de qui vous êtes. En outre, votre envie de vous suicider depuis l'adolescence indique que vous avez souvent songé à renoncer à la vie. Alors, peu importe les lacunes de votre père, il semble que vos griefs sont davantage liés à vos propres peurs à propos de votre vie qu'aux défauts de votre père. Alors, quand vous vous sentirez prête à le faire, vous devriez également lui pardonner.

De même, vous trouvez que votre mère est stupide d'aimer votre père et que le fait qu'elle reste avec lui est un signe de faiblesse. Cela indique

que vous voyez l'ouverture, la sensibilité et la vulnérabilité en amour comme un défaut ou une faiblesse. Ce n'est vraiment pas le cas ; c'est ce qui rend la vie intéressante et vous ne le saurez jamais tant que vous n'oserez pas tenter votre chance avec quelqu'un en vous ouvrant à lui.

Vous ne voulez pas d'amoureux ni d'enfants, mais vous avez aussi dit que vous aimeriez tellement avoir quelqu'un à qui parler. Votre cœur a grand besoin de contacts humains, mais vous croyez que vous ne le méritez pas parce que vous n'êtes pas suffisamment bonne. Mais vous le méritez. Ce qui est miraculeux à propos de l'amour et de l'amitié est que ceux-ci ne sont pas conditionnels aux reproches que vous vous faites.

Même si la thérapie n'a pas fonctionné pour vous, je souhaite que vous poursuiviez. Maintenant que vous savez combien il est thérapeutique et libérateur d'exprimer les choses dont vous avez honte, continuez de chercher un thérapeute avec qui vous vous sentirez à l'aise d'explorer votre monde intérieur.

Cela devrait être votre priorité en ce moment et non pas le désir d'exceller au travail. Une fois que vous aurez appris à vous accepter et à vous aimer, vous pourrez alors penser à ce que vous voulez vraiment faire. Vous pourriez décider de retourner étudier et d'obtenir un diplôme dans un domaine qui donne un sens à votre vie.

# LA PARENTALITÉ

## L'ART D'ÊTRE PARENT

**Question :**

Sur le plan biologique, la plupart d'entre nous pouvons avoir des enfants, mais cela ne fait pas nécessairement de nous de bons parents. Les enfants sont un don si précieux, et j'aimerais donner à mon enfant le meilleur départ possible dans la vie, dans tous les aspects, y compris sur le plan spirituel. D'après vous, quelles sont les meilleures pratiques et attitudes que nous devrions adopter avec nos enfants qui grandissent, et recommandez-vous que nous les encouragions à méditer à un jeune âge ?

**Réponse :**

Enseigner à un enfant à méditer à un jeune âge n'est pas aussi important que lui inculquer le sentiment de sa propre spiritualité. Vous saurez quand il sera approprié pour lui de méditer lorsqu'il en montrera de l'intérêt. Vous pourriez consulter le livre *Les sept lois pour guider vos enfants sur la voie du succès*. La parentalité au niveau spirituel est de toute évidence un sujet très vaste et je ne peux offrir ici que quelques idées. La réussite que nous voulons que nos enfants connaissent dans la vie devrait comprendre l'habileté à rayonner de joie, à aimer et à ressentir de la compassion, ainsi que le sentiment de sécurité qui accompagne le fait de savoir que notre vie a une raison d'être. Et finalement, réussir sur le plan spirituel signifie avoir un lien avec l'énergie vitale créatrice du cosmos. Plus nous y sommes liés, plus nous jouirons de l'abondance de l'univers, qui a été organisé pour répondre à nos souhaits et à nos désirs. Étant donné que l'intention divine est que chaque être humain jouisse d'un succès illimité, le succès est donc entièrement naturel. J'ai reformulé le vocabulaire des sept lois spirituelles afin que même un jeune enfant soit capable de les garder dans son esprit et dans son cœur.

La 1re loi : Tout est possible.

La 2e loi : Ce que tu cherches à obtenir, donne-le.

La 3e loi : Par les choix que tu fais, tu changes l'avenir.

La 4e loi : Ne dis pas non. Laisse-toi porter par le courant.

La 5e loi : Chaque fois que tu désires ou que tu veux, tu plantes une graine.

La 6e loi : Profite du voyage.

La 7e loi : Tu es ici pour une raison.

Un enfant à qui on enseigne des habiletés spirituelles sera capable de répondre aux questions les plus fondamentales sur la façon dont l'univers fonctionne. Il comprendra la source de la créativité tant à l'intérieur qu'à l'extérieur de lui-même. Il pourra mettre en pratique le non-jugement, l'acceptation et la vérité ; ce sont là les aptitudes les plus précieuses qu'un être humain puisse posséder pour composer avec les autres. Et il sera libéré de la peur paralysante et de l'anxiété face au sens de la vie, qui pourrissent en secret dans le cœur de la plupart des adultes, qu'ils l'admettent ou non.

Chaque enfant possède déjà une vie spirituelle, car chacun est né dans le champ de la créativité infinie et de la pure conscience de l'âme. La plus grande nourriture que vous puissiez offrir à votre enfant est la nourriture spirituelle. L'âme doit être cultivée ; elle doit être nourrie et stimulée.

Dès la naissance de votre enfant, vous lui enseignez la spiritualité. Si vous créez une atmosphère de confiance, d'ouverture, de non-jugement et d'acceptation, il absorbera ces qualités comme étant des qualités de l'âme. Dans un monde parfait, l'éducation des enfants se résumerait à une phrase : ne faites preuve que d'amour ; ne soyez qu'amour.

*

* *

## PLANIFIER D'AVOIR UN ENFANT SEULE

**Question :**

Je ressens le profond désir d'avoir un enfant, mais je n'ai pas trouvé d'homme avec qui en avoir. Je pourrais concevoir un enfant par insémination artificielle et ce serait une expérience merveilleuse. J'aimerais offrir à cet enfant une belle enfance remplie d'amour et un bon départ dans la vie, avec la certitude que la vie offre une foule de possibilités. Je comprends que c'est une façon « inhabituelle » d'avoir un enfant, étant donné que ce dernier n'aurait pas de père. Est-ce que cela entraînerait des difficultés au niveau de mon karma et celui de mon enfant ?

**Réponse :**

Un enfant peut avoir une enfance épanouie et aimante sans la présence de son père biologique. Toutefois, il aura besoin d'une figure paternelle en mesure de lui offrir l'amour, le soutien et les conseils nécessaires. Vous n'avez peut-être pas encore trouvé le bon partenaire pour vous, mais n'écartez pas la possibilité que cela se produise.

Cependant, si vous voulez vraiment avoir un enfant, que vous soyez en couple ou non, prenez bien en considération quelle autre forme de soutien vous obtiendrez de la part de votre famille et de vos amis pour veiller à ce que l'enfant reçoive tout l'amour et l'éducation dont il a besoin. Et rappelez-vous que lorsqu'une âme choisit de naître, elle choisit les parents et les circonstances dont elle a besoin pour son évolution dans cette vie. En tant que parent, vous avez la responsabilité d'offrir à votre enfant la meilleure éducation possible. Cependant, si vous aimez votre enfant de tout votre cœur et si vous faites de votre mieux, alors vous ne lui imposerez pas une dette karmique qui serait en dehors des paramètres de l'intention de son âme.

*

* *

## LES DÉFIS D'UNE MÈRE SEULE

**Question :**

Il y a beaucoup de mères seules qui luttent et font de leur mieux pour élever leurs enfants, qui portent de nombreux chapeaux à la fois, et qui donnent à leurs enfants tout ce dont ils ont besoin. Elles travaillent, elles composent avec des problèmes de santé (résultant du traumatisme causé par le divorce), elles prennent soin du foyer et elles doivent être disponibles pour leurs enfants, leurs problèmes, leur croissance, l'école, etc. La vie des mères seules est déséquilibrée et beaucoup d'entre elles ont peur de l'avenir ; elles ressentent de l'anxiété et ont le sentiment d'être dépassées et au bord de la crise.

Quels conseils donneriez-vous à ces mères ? Qu'est-ce qui est le plus important dans leur cheminement de vie ? Pour quelle raison vivent-elles cette expérience ? Quelles leçons doivent-elles apprendre ? À quoi doivent-elles se raccrocher et comment le faire ? Comment peuvent-elles demeurer optimistes et se libérer de leurs peurs ?

**Réponse :**

Les leçons que les mères seules doivent apprendre seront nécessairement différentes et propres à chacune. Mais ce que j'aimerais souligner, c'est que la première règle consiste en l'importance de prendre soin de soi. Cela signifie avoir suffisamment de repos, manger des aliments frais et sains, faire de l'exercice ou bouger tous les jours, trouver du soutien émotionnel auprès de votre famille et de vos amis, et se faire un devoir de rire chaque jour. Si vous pouvez maintenir cette routine, vous aurez alors les ressources intérieures pour affronter les exigences inévitables de la vie sans perdre votre équilibre intérieur.

*

* *

## UNE GROSSESSE NON PLANIFIÉE

**Question :**

Est-ce que le fait qu'un enfant naisse sans que ses parents l'aient planifié influence le choix de l'âme et comment celle-ci va évoluer en tant qu'enfant ?

**Réponse :**

Il est possible que le fait de planifier un enfant puisse faire une différence, mais il n'y a pas de réponse définitive à cela. Le facteur le plus important dans l'évolution d'un nouvel être humain est la quantité d'amour que ses parents ont à lui donner durant la grossesse et durant son enfance. Le processus par lequel une âme choisit une famille est trop complexe et trop flou pour qu'il soit possible d'en discuter concrètement, mais il est reconnu que lorsque les enfants sont profondément aimés par leurs parents, ils vont s'épanouir, qu'ils aient été initialement planifiés ou non.

*

* *

## LES PARENTS ET LA SPIRITUALITÉ

**Question :**

Trouvez-vous que les gens qui ont grandi privés d'un élément important dans leur vie, comme un père attentionné ou une mère aimante, ont tendance à être plus spirituels ? Si c'est le cas, croyez-vous que la spiritualité leur procure parfois du réconfort ?

**Réponse :**

Je ne crois pas qu'une personne qui a grandi sans l'amour d'une mère ou d'un père soit plus spirituelle pour autant, mais cela peut définir les nombreux problèmes spirituels auxquels elle sera confrontée dans son cheminement. La relation qu'une personne a avec sa mère et son père se reflétera dans la relation et les croyances qu'elle aura par rapport aux aspects féminins et masculins de Dieu. Si une personne grandit sans la présence d'un père, elle pourrait, dans son cheminement spirituel, avoir le sentiment de ne pas être protégée et d'être abandonnée par Dieu. Les personnes qui ont grandi sans une mère aimante pourraient avoir le sentiment de ne pas être encouragées et aimées par Dieu.

*

* *

## LE PENSIONNAT

**Question :**

Nous sommes une famille hindoue de la classe moyenne qui vit dans la crainte de Dieu. J'ai perdu mon épouse l'année dernière et depuis, j'ai remarqué que ma fille unique de 15 ans se montre indifférente face à la puja et aux rituels qu'elle a toujours pratiqués avec joie avec sa mère. Les aînés de la famille l'incitent à pratiquer la puja quotidiennement, ce qu'elle n'apprécie pas intérieurement. Voici mon problème : même si elle a beaucoup de maturité et qu'elle a apparemment bien pris la perte de sa mère, elle ira bientôt dans un pensionnat qui est une école internationale avec un programme scolaire américain.

Pourra-t-elle faire face aux valeurs chrétiennes et à un environnement international composé de jeunes qui viennent de milieux très aisés et très différents sur le plan culturel ? En d'autres mots, je crains qu'elle ne puisse s'adapter socialement et qu'elle perde sa foi. Ma question ne concerne pas directement les adolescents et la spiritualité, mais comme j'ai lu vos livres et vos articles, je suis certain qu'une réponse de votre part me guidera mieux que celle d'un conseiller en éducation.

**Réponse :**

Je ne recommande pas d'inciter votre fille à effectuer quotidiennement des pujas si elle ne l'apprécie pas. Elle est suffisamment grande pour se motiver elle-même à pratiquer ses rituels spirituels. Si elle se sent contrainte de les pratiquer maintenant, elle sera alors moins susceptible d'y revenir quand elle sera seule dans le pensionnat. L'immense perte émotionnelle que votre fille a ressentie à la mort de sa mère aura naturellement des conséquences. Il est normal qu'elle perde de l'intérêt envers les pujas maintenant, étant donné qu'elle aimait pratiquer ce rituel avec sa mère. Laissez-la redécouvrir par elle-même ce que la spiritualité signifie pour elle, sans l'intervention des adultes.

N'importe quel parent serait préoccupé que son enfant fréquente une école qui offre un contexte culturel et social différent de ce qu'elle a connu. Il est sans doute inévitable qu'elle connaîtra une période d'adaptation et qu'elle remettra en question ses valeurs. Mais c'est la vie. Il s'agit du processus qui nous conduit à l'âge adulte, que nous avons tous connu. Elle a votre amour, ses origines familiales, ses traditions et son héritage spirituel et avec tout cela, vous devez avoir confiance qu'elle trouvera sa propre façon de traverser cette période de sa vie.

*

* *

## UNE FILLE DE DEUX ANS

**Question :**

Ma fille a deux ans. Je suis une mère seule et je vis avec ma mère. Ma fille est entourée de personnes aimantes et nous essayons d'être le plus possible ouverts à ses besoins. J'ai commencé à lui parler, de manière simple, des questions de sécurité et de la façon de s'approcher (ou pas) de certaines personnes. Nous vivons à Poznan, en Pologne (j'ai vécu pendant neuf ans à Toronto, au Canada, c'est là qu'elle est née). J'essaie de lui faire prendre davantage conscience, sans toutefois lui faire peur, que certaines personnes ne sont pas fiables (il n'est pas toujours évident de reconnaître immédiatement si une personne est fiable ou pas, alors il est préférable qu'elle reste près de moi). Jusqu'ici, elle a semblé plus prudente à certaines occasions. Et elle n'a pas semblé être traumatisée : heureusement ! Pourriez-vous me donner quelques conseils sur la façon de parler à ma fille des questions de sécurité et de lui montrer où chercher de l'aide (si c'est nécessaire), comment se défendre et surtout, comment éviter toutes les « occasions » dangereuses ?

Je sais combien il est important d'en parler non seulement de manière générale, mais aussi en donnant des détails précis. Mes parents n'ont pas pu empêcher que je sois sexuellement agressée par un inconnu quand j'avais cinq ou six ans et que je jouais dans un parc. (Il m'a demandé de le suivre dans un sous-sol, de le toucher et de ne pas parler de cette « expérience » à personne. Je l'ai dit à ma mère quand j'étais une adulte.)

**Réponse :**

Vous avez raison qu'il est important d'expliquer à votre fille comment demeurer en sécurité même à un jeune âge. Étant donné que vous avez été agressée sexuellement quand vous étiez enfant, ce sera toujours une tâche délicate d'éduquer votre fille sans lui transférer certaines de vos propres peurs basées sur votre passé. Toutefois, à deux ans, je ne crois pas qu'il soit utile d'imprégner dans son esprit des images précises des dangers potentiels qu'il pourrait y avoir dans le monde. À cet âge tendre, vous devriez simplement lui indiquer qu'elle doit rester près de vous. À mesure qu'elle grandira, vous pourrez lui expliquer comment déterminer si une personne constitue une menace et comment éviter ces situations et trouver de l'aide. J'ai l'impression que vous saisissez très bien ce qu'elle a besoin d'apprendre, mais ne soyez pas trop pressée à lui en dire davantage que ce qu'elle peut comprendre. Assurez-vous seulement que vos conseils soient appropriés à son âge et expliquez-lui le plus naturellement possible que vous lui transmettez des règles de sécurité et non pas votre propre traumatisme. Vous devez lui enseigner les règles de sécurité aussi simplement et clairement que s'il s'agissait de lui montrer comment réagir à un incendie dans la maison.

*
* *

## LES BONNES ET LES MAUVAISES PERSONNES

**Question :**

Ma fille (17 ans) et moi discutons de notre façon d'aborder les gens. Elle croit fermement (et elle insiste pour dire) qu'elle doit être ouverte et ouvrir son âme inconditionnellement à tout le monde, peu importe qui ils sont. Pour elle, ce qui est mal, c'est de ne pas faire confiance aux gens, de ne pas les accepter dans leur intégralité. Elle ne veut pas m'écouter quand je lui parle de se protéger. Elle dit qu'elle ne veut pas parce qu'en se protégeant, elle fermerait son âme aux gens. Ainsi, ils le sentiraient et leur relation avec elle n'aurait plus la même pureté ou profondeur. J'aimerais avoir votre opinion et vos conseils.

**Réponse :**

D'abord, je vous félicite d'avoir élevé une fille dans un milieu où elle se sent en confiance et en sécurité. C'est un rare accomplissement en ces temps-ci. Cependant, vous avez raison d'être préoccupée, car elle sera bientôt une adulte qui fera face à un monde d'étrangers, et son innocence et sa nature confiante ne la protégeront pas des dangers réels qui existent à l'extérieur de la maison.

Expliquez-lui que le fait de développer des relations sûres et appropriées avec les autres ne signifie pas qu'elle doive se méfier d'eux ou présumer le pire en eux. Quand nous montons à bord d'un véhicule, nous ne présumons pas que nous allons avoir un accident, mais nous portons tout de même notre ceinture de sécurité, juste au cas où. Apprendre à être émotionnellement en sécurité avec les autres signifie qu'elle doit avoir la profonde intuition qu'ils sont dignes de confiance, avant de s'ouvrir et de montrer sa vulnérabilité. Comme elle est jeune et idéaliste, elle devra procéder par essais et erreurs avant d'acquérir la sagesse et l'expérience nécessaires pour se fier à son intuition. Malheureusement, il n'y a pas d'autre façon d'acquérir cette connaissance qu'en vivant pleinement et en tirant des leçons de la vie, surtout en ce qui concerne l'amour. Avec l'âge, elle apprendra aussi à reconnaître une personne fiable, à qui elle peut se confier émotionnellement, et qui ne l'est pas. Il se peut aussi qu'elle admire certaines personnes extraverties et expressives – celles qui ont le cœur sur la main – et croire que c'est un modèle d'ouverture et d'acceptation. Même s'il s'agit d'une forme d'ouverture, celle-ci est généralement superficielle parce que la personne partage son enthousiasme et ses sentiments, mais pas son âme ou l'essence même de son être. Votre fille finira par découvrir que les liens spirituels significatifs avec les autres se créent automatiquement, peu importe son ouverture ou sa capacité à se protéger.

Le véritable Moi, ou l'âme, n'a pas besoin d'être protégé et n'a besoin d'aucune aide pour être ouvert aux autres. C'est sa nature. Mais les tendres sentiments du cœur ont besoin d'une certaine protection lorsque la personne est jeune, jusqu'à ce qu'elle acquiert de la sagesse.

*

* *

## CONSEILS POUR LES JEUNES ENFANTS

**Question :**

Comment aider les jeunes enfants à comprendre les situations difficiles ? Le père de mon garçon n'assume pas bien ses responsabilités et ses valeurs sont très différentes des miennes. Nous nous débrouillons très bien dans la vie et nous sommes heureux, mais je constate que mon fils traverse des périodes de déception et de confusion. Je lui ai fait comprendre que peu importe ce qu'une personne fait, il ne doit pas se sentir visé. Je l'encourage aussi à exprimer ses sentiments tant positifs que négatifs. J'ai adopté cette attitude lorsque j'ai fait la connaissance de mon ex-époux. Je comprends mon rôle et je reconnais que j'ai obtenu exactement ce qu'on m'avait présenté. J'essaie de trouver des façons de limiter l'effet négatif que mon ex a sur mon garçon.

**Réponse :**

Il est difficile à la lecture de votre lettre de déterminer jusqu'à quel point le père de votre fils assume mal ses responsabilités. Je ne peux pas dire s'il s'agit d'une chose mineure, par exemple s'il a raté une partie de soccer de son fils, ou s'il s'agit d'un problème majeur, par exemple s'il est un héroïnomane en prison. L'approche que vous avez soulignée où vous encouragez votre fils à exprimer comment il se sent est assurément saine. De toute évidence, cela fait une grande différence dans la façon dont votre garçon réagit, qu'il ait 3 ans ou 17 ans. Je présume qu'il est relativement jeune et, dans ce cas, ce qu'il faut éviter à tout prix c'est que votre fils porte tout le blâme des problèmes de ses parents. Il n'a pas besoin que vous lui expliquiez en détail quels sont ces problèmes parce que, dans son esprit, il va croire que vous vous attendez à ce qu'il les résolve. Vous agissez donc bien en l'aidant à comprendre que les lacunes de son père ne sont pas de sa faute. Ces outils cognitifs vont aider votre fils à créer des limites émotionnelles claires et saines et cela lui servira durant toute son enfance et le reste de sa vie.

*

* *

## HARCÈLEMENT PSYCHOLOGIQUE À L'ÉCOLE

**Question :**

Je suis la mère d'un garçon de 14 ans (nous sommes des parents indiens hindous vivant aux États-Unis). Les élèves dans la classe de notre fils se moquent de lui et le harcèlent. Nous savons que c'est un enfant sensible et de nature plutôt réservée. Il dit qu'il ne peut pas être ami avec ces élèves qui le tourmentent en lui criant des noms, en le ridiculisant, etc. Quel conseil puis-je lui donner pour qu'il ait la force et la confiance de faire face à ce harcèlement à l'école ? Ces élèves utilisent parfois un langage et un comportement vulgaires. Comment peut-il le mieux composer avec un tel comportement ? Il est en train de perdre tout intérêt pour ses études, ce qui le rend triste et le met en colère.

**Réponse :**

Votre garçon est assez vieux pour comprendre que ceux qui se moquent de lui le font parce qu'ils manquent d'assurance et qu'ils sont faibles. Donc, en rabaissant les autres, ils essaient de se sentir mieux dans leur peau. En reconnaissant cela, votre garçon devrait apprendre à rester indifférent face à leurs remarques et à ne pas se sentir personnellement visé parce que leurs remarques n'ont rien à voir avec qui il est. Dites-lui d'imaginer que ces élèves se moquent de quelqu'un d'autre, pas de lui. Et, en réalité, c'est exactement ce qui se produit.

À cet âge, il est difficile pour les enfants de se distancier des remarques et des opinions de leurs pairs parce qu'ils ont tellement besoin du regard de ces derniers pour former leur propre identité. Mais cette situation est une occasion pour votre enfant de faire un grand pas et d'acquérir un sentiment plus véritable de qui il est et de découvrir des sources saines qui favoriseront son développement personnel. Je lui souhaite la force et le courage de trouver sa propre voie à travers ce passage difficile.

*

* *

## CRIER APRÈS LES ENFANTS

**Question :**

Ma femme et moi avons le bonheur d'avoir deux enfants formidables, un garçon de 9 ans et une fille de 12 ans. Je suis l'entraîneur de l'équipe de hockey de mon garçon et ma femme s'implique beaucoup dans les cours de danse de ma fille. Notre vie évolue autour d'eux et nous avons fait des sacrifices pour nous assurer de toujours être là pour eux.

Voici ce qui nous préoccupe : à mesure qu'ils grandissent, comment les discipliner sans crier tout le temps après eux ? Ces derniers temps, on dirait que nous sommes constamment en train de leur crier après et de répéter les mêmes requêtes.

Nous croyons qu'il est important de donner beaucoup d'amour et d'encouragement aux enfants et nous avons essayé plusieurs méthodes différentes pour les discipliner. Crier – j'ai honte de le dire – semble être la seule chose qui fonctionne la plupart du temps, mais je suis déçu que nous devions recourir à cette méthode.

Au plan spirituel, que pourrions-nous faire pour discipliner nos enfants d'une manière moins dure, mais qui est efficace ?

**Réponse :**

Vous semblez être des parents très consciencieux et aimants qui ont cédé à la frustration et à la colère parce que vos enfants ne réagissent pas comme vous le voudriez. Le problème avec les cris est que même si vous obtenez ainsi leur attention, ce n'est pas vraiment efficace. Ils auront tendance à se refermer face à votre colère plutôt qu'à vous écouter vraiment. Communiquer en intimidant n'est pas vraiment le comportement que vous voulez enseigner à vos enfants.

Voyez votre colère non pas comme une excuse pour crier, mais comme un signe que vous devez résoudre un problème, pas seulement extérieurement, dans le comportement de vos enfants, mais aussi intérieurement. Voyez cela comme une occasion d'explorer pourquoi votre bien-être dépend autant des actions des autres.

Ne voyez pas vos interactions comme une lutte de pouvoir, mais plutôt comme une façon de transmettre à vos enfants la capacité de communiquer avec maturité et calme. Ce sera pour eux un héritage beaucoup plus enrichissant que de prendre l'habitude de ramasser leurs vêtements pour éviter de se faire crier après. Si leur comportement rebelle cache un problème émotionnel plus profond, vous devriez gagner leur confiance afin qu'ils s'ouvrent à vous pour que vous puissiez les aider à surmonter leurs difficultés. S'ils se font crier après, ils seront sur la défensive et se refermeront sur eux-mêmes.

Il est utile d'exprimer fermement et clairement ce que vous voulez, mais d'un ton calme. Restez maître de la situation ; ne laissez pas les choses se détériorer pour ensuite piquer une crise et réagir de façon disproportionnée. Écoutez vos enfants et assurez-vous qu'ils comprennent ce que vous voulez, quitte à leur offrir vos conseils et votre soutien pour ce faire.

Réévaluez jusqu'à quel point vous devez être sévère, surtout envers votre fille de 12 ans qui essaie de s'affirmer davantage sur le plan individuel. Cherchez des façons de créer une atmosphère plus détendue et plus joyeuse où il y aura des rires, des câlins, des encouragements et de l'amour pour ce qu'ils sont.

*

* *

**SOUTIEN OU PERMISSIVITÉ**

**Question :**

Comment peut-on déterminer si lorsque nous soutenons un garçon immature, nous l'encourageons à rester immature ?

**Réponse :**

Il n'est pas aisé de décrire de manière générale quand un soutien devient nuisible. Surtout parce que je ne sais pas quel âge a votre garçon ou le genre de comportement dont vous faites mention. La question clé est de déterminer jusqu'à quel point votre fils est capable d'autonomie et comment votre soutien peut l'aider à y accéder et à assumer ses responsabilités. Tout est dans la capacité du cœur à transmettre de l'amour qui répondra le mieux aux besoins de l'esprit. De toute évidence, la même action, comme loger et nourrir votre fils, peut être une façon de le soutenir ou d'encourager son immaturité, selon qu'il a 12 ans ou 35 ans. Si votre enfant est prêt et est capable de faire une chose par lui-même, mais que votre intervention l'encourage à ne pas devenir indépendant, alors vous le maintiendrez dans son immaturité.

Par contre, il ne faudrait pas juger trop rapidement qu'une action est une forme de permissivité. Aider votre fils de 35 ans en l'hébergeant chez vous pourrait être une forme de soutien dans des circonstances particulières. Par exemple, il pourrait avoir divorcé récemment ou se rétablir d'une maladie grave, si bien que cette aide supplémentaire pourrait lui permettre de rassembler ses énergies et les ressources nécessaires pour reprendre plus rapidement sa vie en main. Le rôle de parent est un cheminement spirituel à la fois merveilleux et exigeant qui nécessite constamment que nous trouvions un équilibre plus profond entre le cœur et l'esprit, et ce, dans tout ce que nous accomplissons.

*

* *

## UN ENFANT COLÉRIQUE

### Question :

J'aimerais avoir votre avis sur la façon d'élever un garçon (de quatre ans) qui vient d'une famille dont les membres sont colériques et impatients. Il imite tout ce qu'il voit et il est facilement distrait. Cependant, il apprend vite ! Ma préoccupation est qu'il agit déjà comme une petite brute envers sa mère et sa grand-mère et qu'il a mauvais caractère. Une grande partie de son comportement vient de son environnement familial. Je le sais. Je constate qu'élever un enfant n'est pas seulement une question de caractère, mais aussi une question de savoir l'entourer de nos soins. Mais comment puis-je lui apprendre à se comporter différemment avec ma famille, y compris avec moi ? J'aimerais qu'il aborde la vie avec paix et avec calme.

### Réponse :

Pour élever un enfant, la clé est de donner l'exemple et d'agir comme vous voulez que l'enfant agisse. Votre préoccupation à l'effet que les membres de sa famille sont colériques et que cela déteint sur le caractère de l'enfant est tout à fait compréhensible. Comme il est peu probable que cette famille puisse changer, vous pourriez plutôt vous concentrer à lui donner l'exemple sur la façon d'exprimer ses émotions sans lever le ton ou manquer de respect aux autres. Ce garçon doit comprendre, qu'à l'instar de sa famille, il n'a pas besoin d'exagérer son comportement et de lever le ton pour être remarqué. Et il est important qu'il comprenne qu'il y a des limites appropriées pour exprimer ses besoins qui sont plus satisfaisantes et plus efficaces que la façon dont il agit présentement.

Vous pouvez aussi lui montrer, par vos échanges avec votre partenaire, que même lorsqu'une personne exprime des émotions très intenses, il lui est possible de retrouver son calme, rapidement et profondément, sans éprouver du ressentiment ou de la rancœur.

Si, pour vous ou d'autres membres de la famille, certains de ces modèles de comportement ne vous viennent pas naturellement, alors prenez le défi d'élever cet enfant comme un signe de la Nature qu'il est temps que vous les appreniez, pour votre bien et celui de l'enfant. Un livre sur la communication non-violente pourrait vous aider.

*

* *

## LA DÉCOUVERTE DE SOI

**Question :**

J'ai 60 ans et je suis la mère d'une fille unique qui a maintenant 32 ans. Elle est médecin praticienne et elle a accompli beaucoup de choses dans sa vie, mais elle est profondément malheureuse. Je me demande si ce n'est pas parce qu'elle est née en Orient et qu'elle a été élevée en Occident. Je cherche désespérément une façon de l'aider à trouver son véritable Moi, mais je ne sais pas comment. De grâce, donnez-moi des conseils.

**Réponse :**

Il est naturel pour la mère d'un adulte malheureux de se jeter le blâme ou de remettre en question les circonstances dans lesquelles un enfant a été élevé. Mais certains enfants grandissent en étant heureux et bien adaptés, tout en ayant reçu une éducation semblable à celle de votre fille. Je crois qu'il y a beaucoup d'enfants qui sont nés en Orient, qui ont reçu une éducation orientale, et qui sont néanmoins malheureux.

Alors si votre fille est malheureuse, cela n'est pas dû à l'endroit où elle a grandi. Il faut reconnaître qu'elle a sa propre voie pour faire sa découverte d'elle-même et que ses émotions et sa vision de la vie font partie de son cheminement. Vous pouvez la soutenir, l'aimer et lui offrir des conseils quand elle en demande. Mais au bout du compte, elle doit cheminer par elle-même, et vous devez lâcher prise et faire confiance au processus.

*
* *

## LE COMBAT D'UN PARENT

**Question :**

Je lutte contre l'idée que je dois accepter les choses telles qu'elles sont quand il s'agit d'élever mon garçon de 16 ans. Mon fils est dépendant de la marijuana. L'an dernier, nous l'avons envoyé dans un centre de désintoxication parce qu'il avait commencé à consommer de la cocaïne. Il n'a jamais été convaincu que la marijuana crée une dépendance et qu'elle est potentiellement dangereuse. J'ai essayé de lui expliquer à de nombreuses reprises que cela crée une dépendance et que c'est nuisible sur le plan social. C'est un enfant brillant, mais ses notes à l'école sont déplorables. Au fond de lui, je sais qu'il est chaleureux et attentionné, mais à la surface, il semble insensible et indifférent à la façon dont son comportement affecte les autres, surtout ses parents ! Cette année, il a voulu s'inscrire à une équipe de lutte, et nous l'avons laissé faire dans l'espoir que cela l'inciterait à se soucier davantage de sa santé et du fait qu'il doit obtenir de meilleures notes pour être admissible. Il a été autorisé à participer aux entraînements et à assister aux combats, mais il ne peut pas lutter. Je n'ai pas vu d'amélioration dans ses résultats scolaires, comme s'il faisait seulement ce qu'il faut pour avoir le droit d'y aller, mais pas assez pour pouvoir participer aux combats.

Sa mère et moi avons en majeure partie une vision opposée de notre rôle de parents. Il a vécu avec sa mère toute sa vie et ce n'est que récemment qu'il a commencé à vivre avec moi quelques jours par semaine. Ces deux dernières semaines, il n'a pas été souvent avec moi et cela semble coïncider avec son nouvel intérêt à se droguer plus fréquemment. J'ai toujours imposé une certaine discipline, alors on dirait que lorsqu'il se comporte de façon que je considère inacceptable, il s'éloigne de moi. Récemment, sa mère a commencé à se soucier davantage de son comportement, mais elle n'a pas la force de maintenir une discipline ou de s'investir pour l'aider à se débarrasser de son comportement malsain.

Pour ma part, j'ai commencé à méditer il y a environ six semaines, et je trouve bénéfique d'apprendre à faire des choix conscients. J'ai découvert que je choisis de moins juger mon fils quand je lui parle, mais intérieurement, je ressens beaucoup de tourment. Je me demande si ma présence est pertinente dans sa vie, je souffre de son manque de respect envers moi en tant que père, et de son indifférence face au fait que je me soucie de lui et de son avenir. J'ai essayé de ne pas me laisser affecter émotionnellement par ses comportements, mais je n'y parviens pas. J'ai le sentiment qu'il est le seul être dans ma vie dans lequel j'investis mes émotions les plus profondes. Je sais que nous avons plusieurs rôles dans la vie, mais mon rôle de père est celui qui compte le plus pour moi. C'est aussi dans ce rôle que je lutte pour préserver qui je suis et pour ne pas me laisser envahir émotionnellement, ou à l'autre extrême, pour ne pas fuir mon rôle parental. J'ai choisi d'habiter là où je vis, uniquement pour être près de mon fils. Je n'ai pas d'autres membres de ma famille dans ce secteur, avec pour résultat que je ne sens pas d'appartenance à ce quartier, sinon que j'y vis pour répondre à mon rôle de père.

Ma question est comment puis-je accomplir mon rôle de parent tout en acceptant les choses telles qu'elles sont ? En d'autres mots, est-ce que je le laisse faire ses propres choix dans l'espoir qu'il trouvera sa voie, ce qui signifie que je dois les ignorer et faire comme si de rien n'était, ou dois-je les remettre en question et le discipliner du mieux que je peux et tenir mon bout pour ce que je crois être dans son meilleur intérêt ? Cela va sûrement signifier qu'il ne sera pas souvent avec moi et que je me sentirai encore plus éloigné de lui.

**Réponse :**

Le fait d'être un guide responsable pour votre enfant, tout en reconnaissant les limites de votre pouvoir sur ce dernier, surtout lors du passage à l'âge adulte, est un dilemme que tous les parents consciencieux éprouvent. Apprendre à trouver cet équilibre avec grâce fait également partie de votre croissance spirituelle. Alors, je voudrais d'abord souligner que vous ne faites rien de mal. Composer avec un adolescent est tout un défi, et si on ajoute sa dépendance à la drogue et le fait qu'il vit dans deux environnements différents, cela complique encore davantage les choses. Mais c'est ainsi que sont les choses et c'est à partir de là que vous devez commencer.

Vous avez pertinemment mentionné qu'il n'admet pas qu'il a un problème, alors un centre de désintoxication ne sera d'aucune utilité parce qu'il ne voudra pas s'investir. Essayez de lui trouver un mentor ou une figure d'autorité qu'il respecte et qui peut lui parler et lui faire voir que la prise de psychotropes lui sera nuisible à long terme. Il pourrait s'agir de son médecin, de son entraîneur de lutte ou d'un oncle. Une fois qu'il comprendra par lui-même qu'il a besoin d'aide, vous pourrez alors lui offrir le soutien dont il a besoin pour se désintoxiquer.

J'ai également constaté que votre fils semble manquer d'une expérience déterminante pour l'aider à passer à l'âge adulte. Joseph Campbell a parlé de l'importance des rites de passage pour les garçons sur le point de devenir des hommes, afin de les aider à canaliser leurs puissantes énergies et émotions à des fins productives et créatrices. Sans moment déterminant pour aider un jeune à redéfinir son Moi en constante évolution, il se sent perdu, sans but et déprimé, et il a souvent un comportement autodestructeur. Je crois que votre garçon a besoin d'une telle expérience pour l'aider à canaliser ses énergies et à les diriger vers quelque chose d'enrichissant. Vous pourriez simplement partir en excursion dans la nature, où vous aurez l'occasion d'enseigner des choses à votre fils et de lui parler d'homme à homme. Si vous croyez que votre relation s'est trop détériorée pour que vous puissiez partir ensemble, il pourrait effectuer ce genre d'excursion seul ou en compagnie d'un mentor. Et il n'est pas obligatoire que cette excursion soit accompagnée d'une « quête de vision ». Vous pouvez créer votre propre cérémonie initiatique que vous croyez la plus appropriée pour lui.

Je vous félicite d'avoir appris à méditer et à pratiquer consciemment le non-jugement. Ce n'est pas grave si vous semblez perdre plus de batailles que vous n'en gagnez. Vous encouragez votre croissance personnelle en remarquant simplement votre réaction, plutôt qu'en essayant de la maîtriser. Continuez d'agir ainsi et vous aiderez votre fils autant qu'un parent le peut. Vous apprendrez également des choses essentielles à propos de vous-même. Dans une telle situation, soyez assuré que tout parent vous appuierait de tout cœur.

# L'AMOUR PUR

## LE VÉRITABLE AMOUR

**Question :**

Je me suis toujours interrogé à propos de la citation « L'amour n'est pas la façon dont vous vous sentez ou agissez, mais votre niveau de conscience ». Pour être honnête, je ne comprends pas la signification de cette citation et cela fait plus d'un an que je l'ai lue. Auriez-vous la gentillesse de me l'expliquer ?

Je voudrais également vous demander ce qu'est le véritable amour (l'amour pour un partenaire de vie). Peut-il changer avec le temps ? Si oui, alors est-ce le véritable amour ? Je me suis peut-être fait une fausse définition de l'amour dans ma vie et c'est sans doute pour cette raison que je souffre émotionnellement.

**Réponse :**

Nos notions de l'amour sont tellement conditionnées par les histoires et les chansons d'amour qu'il est difficile de comprendre ce qu'est l'amour d'une manière plus universelle. En disant que l'amour est le niveau de conscience dans lequel nous vivons, j'essaie de démontrer que c'est beaucoup plus qu'une émotion ou une interaction sociale. L'amour est ce pouvoir de la vie en nous qui nous permet de nous lier aux autres en transcendant nos intérêts égocentriques. Ce pouvoir de nous unir dépend de la profondeur de notre conscience. Plus nous sommes conscients, plus notre capacité d'aimer est grande, que ce soit aimer un enfant, un partenaire, la nature ou Dieu. En ce sens, tout ce qui est amour est de l'amour véritable. Un jeune de la maternelle qui a le béguin pour la fillette assise à côté de lui peut croire qu'il s'agit d'un véritable amour dans la mesure où cela l'incite à sortir de son monde égocentrique et à penser et à ressentir les choses dans un monde qui inclut quelqu'un d'autre.

*
* *

## L'AMOUR PUR

**Question :**

Si, à la fin d'un cheminement de vie, rencontrer Dieu signifie pour chaque créature vivante faire l'expérience de l'amour pur, comment est-il possible d'avoir une relation avec un conjoint (ou une conjointe) et des enfants dans laquelle une forme d'attachement sera toujours présente ? Si la plus petite forme d'attachement demeure, alors la pleine conscience, ou l'éveil complet, ne sera pas accomplie. Pouvons-nous atteindre l'étape finale tout en continuant de ressentir quelque chose de « différent » pour une personne en particulier ?

**Réponse :**

L'amour divin universel n'est pas limité à un sentiment d'amour abstrait pour Dieu et la Nature. L'amour individuel entre un époux et une épouse peut exprimer l'infini de l'amour universel. Cela fait partie du miracle de l'amour, c'est-à-dire que les relations d'amour limitées ont la capacité d'exprimer la plénitude de notre amour pour Dieu. Être marié et avoir une famille ne suppose pas que votre amour ne peut pas grandir au-delà de l'attachement. Les prophètes les plus illuminés des Védas étaient mariés et ils avaient des enfants. Nous pouvons atteindre la conscience de l'unité tout en maintenant nos liens d'amour avec notre famille et nos amis. Les limites spécifiques de notre vie – notre corps, notre personnalité, nos relations – deviennent alors le véhicule par lequel l'infini est exprimé et vécu dans le monde.

*
* *

## OFFRIR DE L'AMOUR

**Question :**

Vous recommandez d'offrir une prière silencieuse aux gens que nous rencontrons, de leur souhaiter en silence santé, prospérité et bonheur. Je trouve cela contraignant d'imprimer ces mots sur l'écran de mon esprit, alors j'envoie seulement une vague impression ou intention de ces sentiments vers les gens. Je ressens habituellement une agréable sensation dans mon cœur. Est-ce suffisant ? De même, est-ce que ces sentiments vont se manifester dans la vie de ces gens et dans la mienne s'ils sont vraiment offerts avec amour et avec les meilleures intentions ?

**Réponse :**

Votre façon d'offrir en silence ces bénédictions aux autres est parfaite. Et oui, ces intentions vont se manifester dans la vie des autres à un certain degré. C'est merveilleux que vous reconnaissiez comment cela vous fait chaud au cœur parce que vous pouvez ainsi voir que l'amour offert aux autres ne fait pas que répandre de l'amour autour de vous, cela crée plus d'amour en vous et fait de vous une personne plus aimante.

*

* *

## SERVIR L'HUMANITÉ

**Question :**

Que signifie exactement servir l'humanité ? Certains exemples semblent plus évidents que d'autres, comme servir de la nourriture aux personnes affamées, prendre soin des malades, etc. Cela semble évident. Mais comment une personne sert-elle l'humanité en composant de la musique, par exemple ? Ou en déboguant un logiciel ?

**Réponse :**

La musique est une merveilleuse façon d'aider les autres. Nous servons l'humanité à travers la musique quand nous composons une musique exquise qui élève l'esprit des autres. Nous contribuons au bien-être du monde dans nos emplois quotidiens quand nous accomplissons ce travail avec excellence et avec l'intention que notre travail rende la vie des autres meilleure. Ainsi, chacun d'entre nous maintient l'intégrité de son petit fil dans le tissu de l'existence cosmique. Chaque fil sert donc à renforcer le tout.

*
* *

## L'AMOUR INDIVIDUEL

**Question :**

Est-ce que l'amour individuel est une illusion, non seulement au niveau de la personnalité mais aussi au niveau du karma ? Même s'il est vrai qu'il y a des liens solides entre certaines âmes, n'est-ce pas l'illusion d'un amour « spécial » qui nous maintient séparés de l'amour universel ? Si l'amour universel est le Jīva qui réalise sa nature en tant qu'Atman, alors l'amour individuel n'est-il pas un chant des sirènes, un piège qui nous empêche d'atteindre l'amour universel ? Et si c'est le cas, comment pouvons-nous l'éviter ?

**Réponse :**

L'amour individuel n'est pas une chose que nous devons éviter pour surmonter la dualité. L'amour est en fait le moyen par lequel nous franchissons l'espace entre notre Moi supérieur et tous les êtres vivants. L'amour individuel est une valeur concentrée d'amour illimité et abstrait. Ce n'est pas une illusion, sauf si la personne est incapable de voir la valeur universelle et globale de l'amour dans la relation. Dans la tradition védique, ainsi que dans de nombreuses autres cultures sacrées, on enseigne aux individus à voir le Divin et l'universel dans chaque relation amoureuse. On enseigne aux enfants à considérer leurs parents et leurs aînés comme Dieu. L'invité et l'étranger dans le besoin doivent être traités comme Dieu. Le mot d'accueil « *namaste* » est la reconnaissance de la divinité chez l'autre personne. Si nous essayons d'étouffer le flot d'émotions dans nos relations interpersonnelles dans le but de surmonter une illusion, nous rendrons notre vie très aride et fade et nous ne ferons que substituer un concept limité par un autre. Le flot d'amour dans nos vies personnelles est naturel et sain, et il peut devenir une partie d'une illumination spirituelle heureuse et enrichissante.

*

* *

## L'UNIVERS, REFLET DE NOTRE ÉTAT INTÉRIEUR

**Question :**

Est-il vrai que plus nous sommes capables de nous voir clairement pour ce que nous sommes vraiment et que nous pouvons nous aimer, nous respecter, nous accepter, nous valoriser et nous apprécier – plus l'univers va refléter cette réalité et nous donner le même degré d'amour ?

**Réponse :**

En raison de la relation intime entre le microcosme et le macrocosme, le cosmos va toujours nous refléter notre état intérieur. Plus nous découvrons d'amour en nous, plus l'amour se reflétera dans notre environnement à travers les autres.

*
* *

**L'AMOUR UNIVERSEL**

**Question :**

Chaque livre de spiritualité et chaque grande religion disent que nous ne formons tous qu'une seule entité et que nous devrions nous aimer les uns les autres. Est-ce que cela signifie que nous ne devrions pas aimer quelqu'un plus que les autres ? Par exemple, est-ce mal de ma part d'aimer davantage ma mère que la mère de mon ami ?

**Réponse :**

Ce n'est pas mal du tout. Le fait d'éprouver plus d'amour pour votre mère que pour celle de votre ami est la chose la plus naturelle au monde.

L'enseignement de l'amour universel ne vise pas à remplacer les liens affectifs personnels que nous avons avec des gens en particulier. Il vise à mettre l'accent sur le lien d'amour essentiel que nous partageons tous au cœur de notre humanité. Ce lien fondamental que nous devrions minimalement tous partager guide notre comportement entre nous. Cependant, les relations intimes que nous développons dans la vie peuvent aller au-delà du strict minimum de cet amour universel que nous éprouvons les uns pour les autres.

*

* *

## LA HAINE ET LA CRUAUTÉ

**Question :**

Comment est-il possible de comprendre la haine, la cruauté et la souffrance ? J'aimerais croire que ceux qui commettent des actes de haine (des groupes comme le Ku Klux Klan) et ceux qui nourrissent et expriment des pensées haineuses (comme les racistes et les autres de ce genre) finiront par être punis, mais c'est difficile à croire, car tant de gens semblent s'en tirer même s'ils font et disent des choses horribles et blessantes. Ce qui me stupéfait est qu'ils réussissent à justifier leurs comportements pour ne pas se sentir coupables. Est-ce que ces gens ressentent une sorte de dégoût d'eux-mêmes qu'ils projettent à l'extérieur ? Est-ce que ce genre d'individus finissent par subir les conséquences de leurs actes et de leurs paroles ? Je suis parfois envahi de tristesse et je n'arrive pas à comprendre toute la haine qui existe dans le monde.

**Réponse :**

Je crois que la haine et la cruauté sont issues de l'ignorance, alors il est difficile de comprendre parce que l'ignorance n'est pas intelligente. Mais les actions accomplies par ignorance, comme toutes les actions, auront des conséquences inévitables pour les personnes qui les accomplissent. Il n'y a donc pas de sursis particulier pour ceux qui commettent des gestes haineux. Au lieu de vous préoccuper à savoir quand ils en subiront les conséquences, mieux vaut vous concentrer à faire rayonner la lumière de la connaissance et de l'amour afin qu'il y ait moins d'ignorance et de haine dans le monde.

*
* *

## L'ABANDON

**Question :**

Comment une personne peut-elle s'accrocher à ses désirs sans se montrer trop égoïste ? J'imagine que je vais trouver dans votre réponse un élément qui m'aidera à mieux comprendre la différence entre la résignation et l'abandon.

**Réponse :**

Je vois l'abandon comme l'accomplissement ultime d'un désir plutôt que comme sa suppression. Au cœur de chaque petit désir de l'ego, il y a une quête de bonheur, de liberté et de plénitude de l'âme. Lorsqu'une personne s'abandonne vraiment à l'amour, elle renonce à tous les petits désirs pour fusionner avec la plénitude du désir de son cœur. C'est comme un fleuve qui s'écoule dans l'océan. Il abandonne le sentiment limité de son Moi et de ses valeurs afin d'atteindre sa véritable nature illimitée, ce vers quoi il s'est toujours dirigé. Dans cet état d'abandon, il n'est pas question de vous accrocher à une chose ou d'être égoïste – vos désirs sont les désirs de votre bien-aimé et ses besoins sont vos besoins.

*

* *

## L'AMOUR DIVIN

**Question :**

Dans un de vos livres comportant des questions et réponses, vous avez dit : « Pour vivre pleinement dans l'amour divin, vous devez devenir cet amour, en prenant conscience de votre vraie nature. » Qu'est-ce que cela signifie et comment peut-on devenir cet amour ? Le processus est-il le même pour tout le monde ? Si une personne n'a jamais connu l'amour, comment peut-elle obtenir une chose qui n'existe pas à ses yeux ?

**Réponse :**

Vous prenez conscience de votre vraie nature en pratiquant la méditation au cours de laquelle vous découvrez que votre essence profonde est en fait l'intelligence « non locale ». Les détails de ce processus varient d'une personne à l'autre selon son parcours de vie, mais les mécanismes sous-jacents de la transformation seront les mêmes pour tout le monde. Les exercices de guérison que j'ai présentés dans différents livres et sur différents CD sont des aides pour favoriser cet éveil divin du cœur.

*

* *

## DES ÉMOTIONS ACCABLANTES

**Question :**

Chaque fois que je pense à Dieu ou que je le prie, que ce soit dans un rassemblement religieux ou par moi-même, je suis envahie d'une émotion puissante et intense qui comprend de nombreux sentiments – de l'humilité, du désespoir, de l'émerveillement, de l'amour et beaucoup d'autres que je ne peux pas décrire avec des mots. Je finis par pleurer de façon incontrôlable. C'est presque comme si je me sentais perdue et que ce lien avec Dieu me procurait une puissante connaissance approfondie qui envahit tous mes sens. Même en lisant votre blogue, j'ai vécu la même émotion puissante et je me suis mise à pleurer. C'est comme si quelque chose en moi s'éveillait chaque fois que je fais une introspection. Pouvez-vous m'expliquer pourquoi cela se produit ?

**Réponse :**

On dirait que vous entrez en lien avec Dieu à un niveau plus profond d'amour et de compréhension. Les sentiments d'amour et d'émerveillement qui nous envahissent indiquent que notre cœur apprend à s'harmoniser avec la connaissance et l'amour universels. En même temps, cela peut déclencher la guérison profonde d'une douleur émotionnelle ancrée en nous, et cette guérison est responsable des sentiments accablants de désespoir et de tristesse qui surgissent également. Soyez simplement douce et bienveillante avec vous-même, sans encourager les sentiments de tristesse et de désespoir, si bien qu'ils disparaîtront avec le temps, à mesure que les vieilles blessures guériront.

En vous habituant aux autres pulsions d'amour et d'émerveillement, vous ne vous sentirez plus accablée par elles et vous saurez vite qu'elles sont les courants naturels de votre propre cœur.

# À PROPOS DE DEEPAK CHOPRA

Deepak Chopra, M.D., est l'auteur de plus de 65 livres, dont un grand nombre ont figuré dans la liste des best-sellers du *New York Times*. Il a une formation en médecine interne et en endocrinologie, et est compagnon de l'American College of Physicians, membre de l'American Association of Clinical Endocrinologists et professeur adjoint des programmes exécutifs de la Kellogg School of Management de l'université Northwestern. Il est aussi chercheur exécutif distingué de la Columbia Business School de l'université Columbia, et chercheur principal à la Gallup Organization. Pendant plus d'une décennie, il a été conférencier au congrès *Update in Internal Medecine*, un événement annuel parrainé par le département de l'éducation continue de la faculté de médecine de l'université Harvard et le département de médecine du Beth Israel Deaconess Medical Center.

11782

*Composition*
PCA

*Achevé d'imprimer en Slovaquie*
*par* NOVOPRINT SLK
*le 21 mai 2017*

Dépôt légal juin 2017
EAN 9782290145869
L21EPEN000333N001

ÉDITIONS J'AI LU
87, quai Panhard-et-Levassor, 75013 Paris

*Diffusion France et étranger : Flammarion*